무용수의
마음을
챙겨주는

무용 심리학

—

동기
자신감
집중력
긴장
무용 심상

HY COLLECTION 034

PSYCHOLOGY OF DANCE VOL.1

무용수의
마음을
챙겨주는

무용 심리학

동기
자신감
집중력
긴장
무용 심상

황규자 김경영
김수경 이로사
장지은 정다진
조준희 홍나리
지음

한양대학교 출판부

머리말

한 해 한 해 모아두었던
한 해 한 해 나의 학생들이었던
그들의 마음속 이야기들을 꺼내보려 합니다.

무용실에서, 강의실에서, 편지에서, 대화에서
무용을 전공하고 있는 학생들의 마음이 하는 이야기에 귀를 기울였습니다.
무용수는 언제 가장 기쁠까,
무용수는 어떤 생각을 갖고 살아가고 있을까,
무용수에게 가장 필요한 마음가짐은 무엇일까…

『무용수의 마음을 챙겨주는 무용심리학』은 '나를 춤추게 하는 힘 – 동기', '성공적인 공연을 위한 열정 – 자신감', '나의 춤을 찾기 위한 주문 걸기 – 집중력', '흥분과 불안 사이, 그 적정선을 찾아서 – 긴장', '상상만으로 무용 훈련하기 – 무용 심상' 등 총 다섯 장으로 구성해보았습니다. 수많은 임상의 내용은 모두 여러분보다 한 발 먼저 무용을 전공한 이들의 실제 이야기입니다. 대학에서 무용 심리학을 30여 년 가르치며 단 하나도 버리지 않고 모두 모아놓은 소중한 그 이야기들을 이제 여러분들과 공유하고자 합니다.

내게 건넨 수줍은 편지에 쓰여 있던,
무용실의 종알종알 수다에서 들려오던,
나를 찾아와 진지하게 이야기 나누던,
그런 무용을 사랑하는 이들의 마음을 이 책으로 완성하였습니다.

이 책이… 여러분의 마음이 하는 이야기를 들어주고
여러분의 마음을 챙겨주는
가이드 러너(guide runner)가 되었으면 좋겠습니다.

저자들을 대표하여 황규자

차례

motivation

#1

동기

나를 춤추게 하는 힘

What is Motivation?

"눈물과 땀은 거짓말하지 않아요. 노력을 뛰어넘는 재능은 없죠. 최선을 다해 오늘을 사는 것, 그게 제 꿈이에요. 그 작은 꿈이 모여 지금의 큰 꿈을 만들었어요."

_국립발레단 단장 강수진

« 1 »

무용을 시작하고 지속하는 힘

'공연의 법칙'이라는 것을 들어본 적 있나요? 아래의 공식에 나를 대입하여 나는 어떠한 무용수인지 한번 생각해 볼까요?

공연의 법칙
(Performance Formula)

동기 + 수행능력 - 공연 난이도 = 공연력

1) 무용 그리고 동기

무용수라면 누구나 완벽한 공연을 꿈꾸지만 공연을 잘 해낼 수 있는 능력은 결코 하루아침에 만들어질 수 없다. '공연의 법칙' 공식을 살펴보면, 성공적인 공연을 위해서는 나의 무용수행 능력뿐 아니라 동기도 필요하다는 것을 알 수 있다. 동기란 어떠한 일을 시작하게 만드는 내적 요인을 뜻하며 그 일을 지속해 나갈 수 있는 능력까지 포함한다. 무용수에게 동기는 연습과정의 지루함, 피곤함, 고통, 다른 것을 하고 싶은 욕구 등에도 흔들리지 않고 연습에 매진할 수 있도록 나를 견인해주는 엄청난 힘을 갖고 있다. 공연의 법칙 중 수행능력과 공연 난이도는 짧은 시간에 쉽게 바뀌기 어렵지만, 동기는 누군가의 말 한마디에도 한순간에 고조 또는 저하될 수 있다. 정말 나의 동기를 지금 당장 직방(直放)으로 높여줄 수 있는 방법이 있다면 얼마나 좋을까? 내가 무용을 처음 시작하게 된 동기부터 지금의 나를 더욱 훌륭한 무용수로 성장시켜 줄 동기는 어떤 것들이 있을지 알아보자.

"저는 열 살 때 처음 어머니의 권유로 무용을 시작하게 되었어요. 한국무용, 현대무용, 발레 등 여러 장르의 무용들을 해보았지만 그 중 발레가 다른 무용보다 아름답고 우아하고 예뻐 보이는 무용이었던 것 같아요. 특히 발레복이요. 발레를 하는 내 모습이 궁금해서 거울에 비친 저를 보는 걸 좋아했던 것 같아요."

_H대학 재학생

"저는 여덟 살 때 엄마를 따라 발레학원에 갔는데 딱 달라붙는 남자 타이즈에 대한 부담감 때문에 하기 싫다고 했어요. 처음엔 안 입어도 된다는 말에 발레를 시작하긴 했는데, 바로 다음날 강제로 타이즈를 입어야 했죠. 그런데 남자 발레 선생님의 삐루엣(pirouette, 회전동작) 여덟 바퀴를 보고 발레의 매력에 빠져서 타이즈를 자연스럽게 입게 되었어요!"

_C무용단 안무가

"저는 어릴 때 발레 배우러 가기 싫었던 이유가 남자들이 별로 없기 때문이었어요. 그러나 지금은 세계 부대에서 활약하는 남성 무용수들의 영향으로 무용학원에 등록하는 어린 남학생들이 많아졌어요. 그래서 발레의 앞날이 더더욱 기대됩니다."

_K대학 교수

Q 여러분은 어떻게 무용을 시작하게 되었나요?

2) 동기 끌어내기

코칭(coaching)이란 스스로 방향을 정하고 스스로 답을 찾고 스스로 행동하게 하는 기술을 말한다. 사람을 태우는 커다란 사륜마차를 가리키는 코치(coach)로부터 비롯된 것으로, 목적지까지 운반하는 기능과 같이 목표점에 다다를 수 있도록 한다는 의미이다. 에노모토 히데타케의 코칭이론은 ①모든 사람에게는 무한한 가능성이 있다, ②나에게 필요한 해답은 모두 나의 내부에 있다, ③내 안의 해답을 찾기 위해서는 파트너가 필요하다의 세 가지 가정을 바탕으로 한다. 이것은 '인간의 동기는 스스로를 완전히 내적으로 통제할 수 있을 때 가장 높으며, 내적인 이유가 전혀 없이 외적인 통제에 의해 행동하게 되었을 때 가장 낮다'는 동기자기결정 이론의 명제와도 같은 맥락으로 해석할 수 있다. 스스로 흥미를 느끼거나 호기심이 생기는 것과 같이 그 시작이 내면에 가까울수록 내적 통제가 잘 이루어지는 반면 외적 통제는 억압이나 강요 등과 같이 본인의 의사와 관계없이 행동하게 되는 것을 말한다. 무용을 위한 긴 시간들은 때로 지루하고 피곤하며 고통스럽기도 하지만 무용을 억지로 지속하는 상황은 오히려 동기를 저하시킨다. 이럴 때 함께 연습하는 파트너(동료 또는 선생님 등)는 훌륭한 동기가 되어 줄 수 있다. 내가 침체되어 있을 때 내 안에 잠재되어 있는 무한한 가능성과 해답을 찾기 위해서는 나를 잘 아는 누군가의 도움을 받는 것이 바람직하다. 앞서 이야기했듯이 누군가의 단 한마디에 의해 동기가 고조될 수도 있기 때문이다. 내가 지금 가장 듣고 싶은 말은 무엇일까?

Q 내가 지금 가장 듣고 싶은 말은 무엇인가요?

"너, 많이 좋아졌다." "너, 연습 정말 많이 했구나!"

"너, 살 많이 빠졌다." "어떻게 뺐어?"

"너, 오늘따라 예뻐 보인다"

"조금만 더 하면 퍼펙트 하겠는데!" "브라보!!!"

3) 나를 춤추게 하라!

희박한 가능성에서도 성공에 이르는 무용수와 기대를 한몸에 받다가도 결국 실패하고 마는 무용수. 이 둘을 가르는 요인은 무엇일까? 위대한 현대무용가 중 한 사람인 이사도라 던컨(Isadora Duncun)의 명언에서 그 해답을 찾아보자.

> "내 인생에는 오직 두 개의 동기가 존재한다. 사랑과 예술! 그러나 이 둘은 서로 끊임없이 충돌하고 있다. 왜냐하면 사랑도 예술도 나의 전부이기 때문에 나를 나누어줄 수는 없기 때문이다."

나는 무용수로서 어떠한 동기를 갖고 있을까? 이사도라 던컨의 명언에도 나타나듯이 동기는 나의 모든 것을 쏟아부을 수 있게 만든다. 무용수의 경우 연습과 공연이라는 전공의 특성상 동기 수준에 따라 특이한 증후군이 나타난다. 먼저 동기 수준이 매우 높은 무용수는 초인적인 에너지를 표출한다. 전형적으로 동기가 고조된 무용수들은 모든 무용의 상황에서 매우 열정적이고 열성적이다. 매번 연습실에 가장 먼저 도착하고 가장 늦게까지 연습하는 연습벌레이고, 작품에서의 역할에 몰두하기 위하여 많은 시간을 할애하며 자신의 노력을 200% 쏟아붓는다. 그뿐 아니라 연습 중에 휴식을 취하는 것도 별로 좋아하지 않고 고된 연습 후에 심지어 몸이 아프거나 부상을 당했을 때조차도 계속 연습하기를 원한다. 이러한 무용수들은 구체적이고 명확한 목표를 가지고 있는 것이 특징이다. 반면 의욕이 결여된 동기 저하 무용수들은 연습이나 공연에 열의를 보이지 않고, 최소한의 연습마저도 노력하는 모습을 보이지 않는다. 출석률이 저조하고 꾀병을 부리기도 하며 무용실에서 빨리 벗어나고 싶어 한다. 이들은 대부분 손쉽게 성공을 바라거나 실현 불가능하고 불확실한 목표를 가지고 있는 경향이 있다. 나는 지금 어떠한 무용수 타입일까?

동기부여 암시 (Motivational cues)

동기부여 암시는 다양한 형태의 것일 수 있다. 의미를 갖고 있는 단어나 문구일 수도 있고, 단기 목표를 적은 쪽지 또는 좋아하는 무용수의 사진일 수도 있다. 이러한 동기부여 암시는 눈에 잘 띄는 곳 또는 정기적으로 볼 수 있는 곳에 두는 것이 좋고, 형태가 없는 단어나 문구, 상상의 것 등의 경우는 자주 떠올리고 상기시키는 것이 중요하다. 나만의 동기부여 암시를 찾는 것만으로도 목표를 달성하기 위한 실질적인 자극이 된다.

Q. 동기부여 암시 찾기 : 나를 춤추게 하는 것은 무엇인가요?

2015년 H대학 2학년 무용심리 실제 수업에서 학생들이 직접 찾은 동기부여 암시 sample

화장대 거울에 붙인 나탈리아 오시포바(러시아 발레리나)의 완벽한 아라베스크 사진, 침대 머리맡에 붙인 부모님의 사진, 냉장고에 붙인 다이어트 성공 직후 찍은 본인의 사진, 항상 지갑에 갖고 다니는 피나 바우쉬의 명언을 적은 쪽지 '나는 춤춘다, 고로 존재한다(Dance, Dance, Otherwise we are lost).', 사물함에 걸어놓은 수석 무용수의 싸인 토슈즈 등...

«2»
계속되는 동기부여

9세에 발레를 막 시작하는 아이, 13세에 처음으로 예중 입시를 준비하는 아이, 24세에 무용학과를 졸업하는 취업 준비생, 무용 관련 논문을 준비하는 연구자, 새로운 무용 작품을 끊임없이 창작하는 무용가…….

우리는 각자의 비전에 맞게 계획하고 실행한다. 새로운 목표를 설정하는 것은 개인이 노력을 기울여야 하는 지향성을 갖게 하고, 그 노력을 지속하게 함으로써 행동을 직접적으로 조절한다. 목표는 조직이나 개인 업적을 평가하는 기준이 되며, 더 어려운 목표를 달성했을 때 더 높은 평가를 받게 된다. 다만 목표는 특정한 결과를 성취할 수 있도록 구체적으로 정해야 한다. 시험 기간에도 열심히 공부하겠다거나 학점을 잘 받겠다는 막연한 목표 설정보다는 하루에 한 챕터를 공부하겠다거나 A학점을 받겠다고 구체적인 목표를 설정하는 것이 더 효과적이다. 목표를 달성하려는 의도는 동기의 근원이 되며, 끊임없는 동기부여에 중요한 역할을 한다.

"왜 무용을 하는가? 왜 게임을 하는가? 왜 공부를 하는가?"

우리는 자신이 하고 있는 일에 끊임없이 반문하고 더 나은 길을 모색하며, 계획하고 정진한다. 이는 동기부여가 순조롭게 이루어지고 있기 때문이다. 특히 무용은 부상, 다이어트, 치열한 경쟁 등 여러 가지 뜻밖의 문제들이 많이 발생하는데, 그때마다 각자의 목표를 세우고 동기부여를 시키는 것이 중요하다.

동기부여에 대한 여러 학자들의 연구가 진행되면서 욕구에 대한 고찰이 증가되었고, 맥그레고(Mcgregor)나 매슬로우(Maslow) 같은 여러 인본주의 심리학자들은 1950년쯤 욕구 이론을 체계화하여 제시하였다. 특히 매슬로우는 인간의 본성에 대하여 기본 욕구(생리적 욕구, 안전 욕구)와 상위 욕구(소속의 욕구, 존경 욕구, 자기실현의 욕구)의 총 다섯 단계로 구분하였다. 심리학자들은 여러 연구를 통해 성과, 즉 결과는 동기부여와 능력에 의해 좌우되므로 동기부여가 성과를 이루는 데 중요한 요소로 작용된다고 밝혔다.

첫 번째 단계는 생리적 욕구이다. 숨쉬고 먹고 자고 입는 등 우리 생활에 있어서 가장 기본적인 요소들이 포함된 단계이다. 사람이 하루 세 끼 밥을 먹는 것, 때마다 화장실에 가는 것, 그리고 종족 번식 본능 등이 이 단계에 해당한다. 두 번째 단계는 안전 욕구이다. 우리는 흔히 놀이동산에서 롤러코스터를 탈 때 '혹시 이 기구가 고장 나서 내가 다치지는 않을까?' 하는 염려를 한다. 신체적, 감정적, 경제적 위험으로부터 보호받고 싶은 욕구이다. 세 번째 단계는 소속과 애정의 욕구이다. 누군가를 사랑하고 싶은 욕구, 어느 한곳에 소속되고 싶은 욕구, 친구들과 교제하고 싶은 욕구, 가족을 이루고 싶은 욕구 등이 여기에 해당한다. 네 번째 단계는 존경 욕구이다. 우리가

동기부여 이론

인본주의 심리학자 매슬로우(Abraham Harold Maslow, 1908–1970)는 자기실현이라는 개념을 앞세워서 인간의 잠재성에 집중하여 연구하고, 인간이 어떻게 하면 자신의 잠재성을 발현할 수 있는지를 탐색하였다. 인간의 행동은 기본적 욕구에 따라 동기화된다. 동기화 이론에 따른 욕구위계 이론은 인간의 동기를 다섯 단계로 나누고, 가장 기초적인 생리적 욕구, 안전의 욕구, 사랑 및 소속의 욕구, 존중의 욕구, 자기실현의 욕구 순으로 되어 있다. 이 욕구위계는 순서대로 일어나며, 모든 사람이 가장 높은 단계까지 갈 수 있는 것은 아니다.

흔히들 말하는 명예욕, 권력욕 등이 이 단계에 해당한다. 누군가로부터 높임을 받고 싶고, 주목과 인정을 받으려 하는 욕구이다. 존경 욕구 중에서 더 높은 욕구는 역량, 통달, 자신감, 독립심, 자유 같은 자존감이다. 다섯 번째 단계는 자기실현 욕구이다. 매슬로우는 최고 수준의 욕구로 이것을 강조했다. 모든 단계들이 기본적으로 충족되어야만 이루어질 수 있는 마지막 단계로, 자기 발전을 이루고 자신의 잠재력을 끌어내어 극대화할 수 있는 단계라 주장했다.

Q. 동기 유발을 위한 나의 욕구는 얼마나 충족되고 있을까요?

생리적 욕구

안전의 욕구

사랑 및 소속의 욕구

존중의 욕구

자아실현의 욕구

1) 개별적인 동기 확인

모든 무용수들에게 똑같은 동기부여를 적용시킬 수는 없다. 무용을 하는 사람들은 다양한 목적을 갖고 훈련과 공연에 임하고 있다. 자신의 능력에 대한 전문성을 인정받고 싶어서, 다양한 무용 분야의 친구들을 사귀고 싶어서 등 무용을 하는 이유도 제각기 다르다. 이와 같이 무용수들 각자의 목표를 파악해야 동기부여를 지속시킬 수 있다.

"가장 기억에 남는 콩쿠르는 동아 콩쿠르 본선에 나갔을 때예요. 무대에서 미끄러지는 바람에 수상을 하지 못한 것이 너무 안타까웠고 그때를 생각하면 항상 가슴이 아파요. 그런데 그것이 굉장히 큰 경험이 되었어요. 상은 꿈에 대한 동기부여를 해주었고, 어느 순간에 대한 기억이 예술을 하는 사람에게 중요하다는 것을 깨달았어요."

_S대학 교수

"은퇴 후 고민이 정말 많았어요. 결국 제가 잘하고 좋아하는 것을 떠올렸어요. 리듬체조는 모든 운동의 기본과도 같아요. 스트레칭, 몸의 근력과 밸런스, 움직임 하나하나가 자세교정에도 도움이 되기 때문에 성장기 아이들에게 너무 좋은 운동이죠. 올림픽에서만 하는 운동이라는 인식을 조금 더 넓혀보고 싶었어요. 은퇴 이후 무엇을 해야 할지 몰라서 힘든 시간을 보내다가 요즘은 눈뜨면 제가 좋아하는 일과 나를 필요로 하는 곳이 있다는 사실에 행복을 느껴요." _전 리듬체조 국가대표

"저에게 발레는 요가와 같아요. 음악을 들으며 바를 잡고 몸을 풀기 시작하면 마치 명상을 하는 것처럼 정신이 집중돼요. 내성적이던 성격도 발레를 하며 많이 바뀌었고, 예전보다 많이 웃게 되었고, 정신적 · 육체적으로 다 건강해졌고, 너무 피곤할 때는 '아, 나 자신을 위해서 발레를 하자'라는 생각으로 동기부여를 해요." _성인발레 수강생

"먼저 신중한 계획을 세운 다음에 세밀한 기획에 착수해야만 한다; 자신의 생각을 종이 위에 적어보라; 그리고 그것을 수백 번 반복해서 읽어보라."

–장 조르주 노베르(Jean Georges Noverre, 1974)

개별적인 동기의 정도를 확인하기 위하여 무용 일기(Daily Dance Diary)를 쓰는 것도 도움이 된다. 무용 일기는 어제보다 조금 더 성장한 나의 모습을 가시화시키고, 매일 매일의 무용 일상을 기록으로 보관할 수 있다. 성취, 향상, 테크닉, 취약점 등을 비롯하여 아침에 일어난 시간, 연습실에 도착한 시간(시작 몇 분 전), 먹은 것, 무용을 하면서 느낀 점 등 무용과 관련하여 일어난 모든 것들을 빠짐없이 적음으로써 무용을 지속하는 스스로의 동기를 찾고, 현재 자신의 연기 수준이나 목표를 향한 달성 정도를 확인할 수 있다. 무용 일기는 매일 쓰는 것이 가장 좋지만 처음부터 매일 쓰는 것이 어렵다면 사흘 간격, 일주일 간격 등 나와의 약속을 지키는 마음가짐으로 규칙적인 기록을 시도하고, 그 기록의 간격을 차츰 줄여 나가는 것도 도움이 된다.

여러분은 무용 일기를 쓰고 있나요?

오늘 나의 무용은 어땠나요?

각 영역에서 만족스러웠던 부분과 다소 미흡했던 부분을 적어보세요.

신체적 영역(힘, 유연성, 근력, 몸무게 등)

정신적 영역(동기, 자신감, 긴장도, 집중력 등)

테크닉적 영역(2회 회전, 점프, 파트너 쉽 등)

생활태도 영역(수면량, 식습관, 학교, 연습실, 공연 참여 자세 등)

2) 나, 잘할 수 있을 것 같아! 나, 잘할 수 있어!

무용의 목표는 무용수들에게 필요한 신체적·정신적 훈련과정에서 무엇이 필요한지에 대한 정확한 방향을 제시해 준다. 장기적인 목표는 무용수로서의 희망사항, 즉 무용 경력에서 가장 이루고 싶은 꿈으로 설정하는 것이 좋다. 실제 학교나 무용단에서 공연활동을 활발히 하는 경우라면 공연시즌에 대한 목표를 세우는 것이 매우 중요하다. 올해 내가 하게 될 공연의 내용과 횟수, 공연에서 맡고 싶은 역할 등에 대하여 미리 목표를 정한다면 더욱 진지한 마음으로 연습에 임할 수 있다. 연습에 대한 목표는 앞서 작성한 네 가지 영역에 따라 신체적 영역 및 정신적, 테크닉적, 생활태도 영역의 목표를 구분하여 구체적으로 작성하여야 한다. 이 네 가지 목표를 완벽하게 이루어 낸다면 거시적 목표 역시 함께 이루어질 것이다. 그럼, 무용의 목표에 대한 프로파일링에 필요한 몇 가지 지침을 살펴보자.

매일 나에게 두 가지 질문하기 (Two Daily Questions)

무용수로서 고된 훈련 컨디션과 동기를 한결같이 유지하는 것은 어려움이 따를 수 있다. 내가 왜 그토록 열심히 연습하는지, 목표를 향해 무엇을 해야 하는지 상기시키기 위하여 매일 두 가지 질문을 스스로에게 해보자.

하루를 시작할 때,

"내가 최고의 무용수가 되기 위해서 오늘은 무엇을 할 수 있을까?"

하루를 마칠 무렵,

"나는 오늘 최고의 무용수가 되기 위해서 할 수 있는 모든 것을 다 했는가?"

이 두 가지 질문은 나에게 내재되어 있는 잠재력을 끌어내기 위해 무엇을 해야 하며, 어떠한 노력을 했는지 스스로를 돌아보게 하여 무용수들에게 동기를 부여해줄 것이다.

첫째, 목표는 나의 능력을 개발할 수 있는 도전적인 것이어야 하지만, 현실적이고 실현 가능한 범위 내에서 설정하여야 한다. 목표가 너무 낮을 경우 너무 쉽게 달성하게 되어 동기부여의 필요성이 상실되고 반대로 너무 높은 목표는 자칫 노력의 결과가 좌절로 나타나 오히려 동기가 저하될 수 있기 때문이다.

둘째, 목표는 세부적이고 구체적이어야 한다. 목표는 언제든지 수정 가능하고 발전시킬 수 있기 때문에 하나씩 차근차근 이루어 나갈 수 있는 목표를 정하여 가급적 상세히 기술하는 것이 좋다.

셋째, 자기 목표에 완전히 도달하는 것 보다는 성취의 정도에 초점을 맞추어야 한다. 비록 정해진 기한 내에 목표가 성취되지 못하였다고 하더라도 노력과 부족한 부분의 개선 과정은 목표 달성 못지않은 의미가 있기 때문이다.

넷째, 목표설정은 끊임없이 지속적인 과정이어야 한다. 한 번에 정확하고 완벽한 목표를 설정하는 것은 거의 불가능에 가깝고, 또한 노력의 과정에서 수정될 수도 있기 때문이다.

다섯째, 일단 원하는 목표가 설정되면 서면으로 정리해야 한다. 자신의 생각을 가시화함으로써 더욱 동기를 유발하여 무용에 대한 열의를 증대시킬 수 있다.

그러면 이제 나의 꿈을 이루기 위한 무용의 목표를 정리해보자.

무용수를 위한 거시적 목표 설정 프로파일링

장기 목표(최종 목표)	이번 달(학기)의 목표	올해의 공연 시즌 목표

연습 목표

신체적 영역(힘, 유연성, 근력, 몸무게 등)

1. ______________________

방법 :

2. ______________________

방법 :

3. ______________________

방법 :

정신적 영역(동기, 자신감, 긴장도, 집중력 등)

1. ______________________________

방법 :

2. ______________________________

방법 :

3. ______________________________

방법 :

테크닉적 영역(2회 회전, 점프, 파트너 쉽 등)

1. ______________________________

방법 :

2. ______________________________

방법 :

3. ______________________________

방법 :

생활태도 영역(수면량, 식습관, 학교, 연습실, 공연 참여 자세 등)

1. ______________________________

방법 :

2. ______________________________

방법 :

3. ______________________________

방법 :

Check yourself

'공연의 법칙'이란 무엇인가요?

동기를 지속시키는 힘은 무엇인가요?

동기부여의 필요성은 무엇인가요?

나만의 동기 유발 방법은 무엇이 있나요?

참고문헌

김정수, 황규자 역(2013). 무용 심리학. 서울: 금광.

김화경, 유 진(2012). 무용 성취목표와 기본욕구 및 몰입 간의 구조모형 분석. 대한무용학회지, 70(5).

석 류, 임신자(2016). 성찰적 훈련일지를 통한 반성적 사고수준의 변화 분석. 한국여성체육학회지. 30(3), 331-352.

안지혜(2013). 무용전공 대학생의 성취목표지향성과 내적동기의 관계. 미간행 석사학위논문. 국민대학교 대학원.

유정인,김성규,임용택(2014). 생활체육 참가자들의 운동지속을 위한 호기심의 역할. 한국체육교육학회지,18(4), 139-154.

이준모(2017). 현대무용전공 대학생의 지각된 자율성지지, 기본심리욕구 및 내적동기의 관계. 한국체육과학회지, 26(1), 843-855.

조임형(2002). 태권도 코칭행동의 관찰 분석. 대한무도학회지, 4(1).

황소연 역(2004). 마법의 코칭. 서울: 새로운제안.

Grice, L. G. & Skinner, F. J. (2001). *Mastering public spackling*. Needham Heights, MA: Person Education.

Ryan,R.M. (1995). Psychologicalneeds and the facilitation of integrative process. *Journal of personality*, 3, 391-427.

Ryan,R.M. & Deci,E.L. (2000). Self-determination theory and the facilitation of intrinsic motivation, social development, and well-being. *American Psychologist*, 55, 68-78.

[네이버지식백과] 동기유발교수설계 [動機誘發敎授設計, motivational design of instruction] (교육학용어사전, 1995. 6. 29., 서울대학교 교육연구소)

[네이버 지식백과] 외적 동기 부여 [外的動機附與, extrinsic motivation] (체육학대사전, 2000. 2. 25., 이태신)

[네이버 지식백과] 내적 동기 [內的動機, internal motive] (교육학용어사전, 1995. 6. 29., 서울대학교 교육연구소)

[두산백과]http://www.doopedia.co.kr/doopedia/master/master.do?_method=view&MAS_IDX=12101000136032

[위키백과]https://ko.m.wikipedia.org/wiki/자기결정_이론.

self
confidence

#2 자신감

성공적인 공연을 위한 열정

What is Self Confidence?

자신감이란 사전적 의미로 '어떠한 일을 잘 해낼 수 있다'라고 생각하는 자신이 갖는 느낌을 의미한다. 즉 어떤 일을 할 수 있다는 마음의 상태를 말하는 것이다. 자신감은 지나치면 자만심이 되며, 부족하면 불안과 열등감에 사로잡힌다. 부족하지도 지나치지도 않은 적당한 자신감은 대체 무엇일까? 어떻게 하면 '자신감 있게' 춤을 출 수 있을까?

탄츠테아터의 거장으로서 누구와도 차별화된 독창적이고 혁신적인 예술세계를 펼쳤던 피나바우쉬의 성장 과정을 보면 자신감은 실력에서 나오는 것이며, 그 실력은 다양한 예술 분야에 대한 적극적인 태도와 끊임없는 훈련으로 다져지는 것임을 알 수 있다.

마음을 다스리기 위하여 일주일에 한 번씩 나만 알고 있는 장소에서 시간을 가지고 자신의 내면 깊은 곳을 들여다보는 것과 '오늘 연습복은 빨간색을 입을까 파란색을 입을까?', '머리는 망을 할까 포니테일로 묶을까?' 등 사소한 것들을 조금씩 빨리 결정하는 등 작은 습관을 들이는 것만으로도 자신감을 상승시킬 수 있다. 이처럼 실력을 쌓는 것부터 일상적으로 할 수 있는 사소한 생활의 실천에 이르기까지 자신감을 키울 수 있는 방법과 훈련법을 따른다면 누구나 무대 위에서 빛날 수 있다. 나의 자신감은 어느 정도인지 점검해보자.

Warming up – 자신감 자가진단 테스트

	전혀 아니다	그렇지 않은 편이다	부분적으로 그렇다	그런 편이다	확실히 그렇다
지금 내린 결정을 나중에 후회할까 봐 걱정한다	5	4	3	2	1
무언가 중요한 것을 하기 위해서는 꺼림칙한 부분이 조금이라도 있어서는 안 된다	5	4	3	2	1
내가 원하지 않을 때에는 '아니오'라고 말할 수 있다	1	2	3	4	5
내가 누구인지 알고 있다	1	2	3	4	5
내가 저지른 실수를 인정하기 어렵다	5	4	3	2	1
새로운 일을 해보는 것이 두렵다	5	4	3	2	1
나는 그렇게 매력적이지 않고, 남들의 흥미를 끌어내지도 못한다	5	4	3	2	1
내 의견은 중요하다	1	2	3	4	5
다른 사람들이 나를 하찮게 볼까 봐 걱정된다	5	4	3	2	1
내가 무엇을 원하는지 잘 알고 있다	1	2	3	4	5

무용수의 자신감 제대로 알고 가기

무용수의 자신감이란 무용에 자신이 있다고 여겨지는 느낌이나 어떤 일에 대하여 뜻한 대로 이루어낼 수 있다고 스스로의 무용수행능력을 믿는 굳센 마음이다. 무용수들은 어떤 상황에서든지 당황하지 않고 신체를 표현하고 스스로를 컨트롤할 수 있는 능력을 필요로 한다. 무용에 흥미를 느낄 수 있고 무용 전문화 수준에 영향을 끼치는 심리적인 요인 중 하나로, 자신감이 높은 무용수들은 무용에 편안한 느낌을 가지는 경향이 있으며, 내재적 흥미와 자부심이 높다는 연구결과를 보고하고 있다.

10~20점

지금 당신의 자신감은 강하지 않으며, 스스로 자기를 비하하는 정도가 큽니다. 그리고 자신과 타인에 대해 지나치게 비판적이며, 어떤 일을 수행함에 있어서 불안함을 많이 느낍니다. 하지만 이제 당신은 자신감을 키울 것이라 결심했고, 이는 좋은 일이며 첫걸음을 뗀 것은 아주 잘한 일입니다.

21~41점

다른 사람들 대부분 당신과 비슷합니다. 적당한 자신감을 가지고 있는 것입니다. 어떤 부분에서는 자신의 관심사나 이익을 위해 적극적으로 행동하지만, 그럼에도 종종 불안해합니다. 하지만 당신은 자신의 어떤 점을 바꾸고 싶은지 이미 자신이 알고 있습니다.

41~50점

당신은 이미 자신감이 크고, 자신의 관심사를 위해 행동하고 있습니다. 대부분의 상황에서 스스로에 만족하며 빛을 발하고 있으며, 이런 상황이라면 건강한 자신감을 키우기 위해 더 구체적인 부분까지 들어가도 됩니다.

위의 자신감 자가진단 테스트 결과를 바탕으로 평소에 자기 자신을 어떻게 표현하는지 다음 빈칸에 자유롭게 서술해보자.

Q 나는 자신감이 부족한 사람인가요? 혹은 자신감이 넘치는 사람인가요?

A : 나는 훌륭한 무용수입니다.

B : 내가 무대에서 실수를 할까 봐 불안합니다.

C : 나는 누구보다도 완벽한 테크닉을 수행하죠!

D : 나는 형편없는 무용수예요……

«1»

내가 할 수 있을까? 나는 할 수 있어!

자신감은 자신이 갖는 믿음 또는 확신으로 무용수에게 있어서는 공연수행 시 성공적으로 해낼 수 있는 능력에 대한 개인의 확실성 또는 믿음의 정도이다. 신체적으로나 기술적으로 공연을 수행할 능력이 있다 할지라도 '나는 잘할 수 있다'라는 믿음이 없다면 자신의 능력을 충분히 발휘할 수 없다. 또한 자신감은 자신의 공연에 대한 낙관적인 생각과는 다른 개념이며, 가장 상식적인 의미에서는 어떤 일을 성공적으로 해낼 수 있다는 마음 상태를 나타낸다. 즉 성공적인 공연에 대한 확신이며 수행성취가 자신감에 대한 결정적인 역할을 한다. 따라서 무용에서의 자신감은 공연에 영향을 미치는 중요한 심리학적 요인이라 할 수 있다.

이러한 자신감은 불안감과도 밀접한 관계가 있다. 자신감이 높은 무용수일수록 공연 중 여유를 가지고 더 완벽한 테크닉을 보여주는 반면에 자신감이 낮을수록 불안감에 휩싸여 공연을 실패할 가능성이 높아진다. 동시에 공연 수행에 도움을 주는 요인들보다 부정적이거나 전혀 상관없는 것들에 주의를 기울이는 경향을 나타낸다. 더 나아가 자신감 저하는 긴장, 불안, 분노, 스트레스, 우울증, 죄책감, 좌절감 등과 같은 부정적 정서를 초래하기도 한다.

부족하지도 지나치지도 않은 적당한 자신감은 대체 무엇일까? 어떻게 하면 적당한 자신감을 가질 수 있는지 알아보자.

1) 내가 할 수 있을까? 자신감 저하! 왜?

자신감 있는 태도를 갖고 싶다면 무엇이 자신감을 방해하는지 더 정확히 이해할 필요가 있다. 부상, 동료와의 관계, 혹은 그 밖의 환경적인 이유가 자신감에 어떤 영향을 끼쳤을 수도 있다. 자신감 있는 태도를 배울 만한 롤모델이 없었을 수도 있으며 스스로 자신감 있게 한 행동이 부정적인 결과를 가져왔을 수도 있다. 어떠한 경우에는 단지 부정적인 생각을 하는 것만으로도 자신 있게 행동할 수 없게 된다.

심리학에서는 특정한 상황에서 반사적으로 드는 생각을 자동적 사고라 한다. 예를 들어 자신감을 가지려 하거나 다른 사람을 자신 있게 대하려 할 때, 그런 상황에 대해 불가능하다는 생각이 먼저 드는 것이다. "난 아무것도 할 수 없어" 혹은 "내가 뭘 원하건 그건 그렇게 중요하지 않아" 등이 부정적인 자동적 사고의 전형적인 사례다. 부정적인 자동적 사고를 하는 당사자들은 그런 생각을 쉽사리 수긍하며, 그 생각들이 일리가 있고 그럴 만하다고 믿게 된다. 자신이 중요하지 않은 사람이고, 수치스럽고, 무능력하다는 생각이 들면 자기 자신에 대해 어떻게 느낄지 상상해보라. 사실 많은 경우에 현실과는 전혀 상관없이 뒤틀리고 왜곡되어 있다. 처음에는 그저 가끔씩 자신도 모르게 떠오른 수많은 생각들 중 하나일 뿐인데, 특정한 경험을 겪으면서 이런 부정적인 생각을 사실이라고 믿게 된다. 대부분의 부정적인 자동적 사고는 특별한 원인도 없이 생겨나 당신을 괴롭히기 때문에 더욱 해결하기가 어렵다.

다음은 부정적인 자동적 사고의 특정한 유형 중 전형적 예이다. 자신이 어떤 사고를 자동적으로 하고 있고, 자신의 생각들이 어떤 유형에 속하는지 깨달았는가? 그렇다면 내가 가진 부정적인 자동적 사고 중 가장 문제가 되는 것은 무엇일까?

부정적인 자동적 사고 유형

모 아니면 도

극단적인 흑백논리를 말한다.

:

비극적 결말 예상

'예상했던' 최악의 사태가 벌어지리라 생각한다.

:

평가 절하

좋은 결과를 받고도 그 결과를 깎아내리고 긍정적인 모습을 외면한다.

:

부정적 해석

현상을 무조건 부정적인 방향으로 증명하려고 한다.

:

꼬리표 붙이기

극단적인 의견을 성급하게 일반화한다.

:

지레짐작

다른 사람의 생각을 짐작으로 추측한다.

:

개인화

상대방 행동의 원인을 자신과 관련지어 찾아낸다.

:

자신도 모르게 어떤 부정적 생각이 떠오를 때 가장 좋은 방법 중 하나는 생각을 전환하는 것이다. 부정적인 행동이나 생각을 없애버리고 싶어 하는 건 그 목표를 달성하는 데 큰 도움이 되지 않으며, 그보다는 생각을 전환하려 노력하는 것이 더 도움이 된다. 부정적인 생각들을 무작정 없애려 하지 말고, 새로운 긍정적인 사고로 대체하려고 노력해보자. 긍정적인 사고는 당신을 편안하게 만들고, 자신감을 불어넣어 주며, 좀 더 자신의 주장을 내세울 수 있도록 도울 것이다.

"완벽하게 해내지 못할 바에야 차라리 아무것도 안 하는 게 나아!"

Q 이 생각에 반대되는 사실은 무엇인가요?

"그 무대에서 모든 사람들이 내가 혼자 실수하는 것을 다 보게 될 거야."

Q 이 생각이 옳다는 걸 증명할 수 있나요?

"다른 사람이 도와주었으니 망정이지 나 혼자서는 못 했을 거야."

"이건 누구라도 할 수 있었던 일이야."

Q 다른 식으로 (더 현실적으로) 볼 수 있나요?

"난 언제나 눈에 띄지 않는 인기 없는 무용수였어."

Q 이 생각이 사실보다는 느낌을 근거로 하는 건 아닐까요?

"내 파트너는 연습 도중에 하품을 했어. 나랑 춤추는 게 지루한가 봐."

Q 친한 친구나 파트너는 어떤 조언을 해줄까?

2) 나는 할 수 있어! ⇒ 진정한 자신감

내가 원하는 것은 뭐든지 해낼 수 있다는 자기 자신에 대한 믿음이 진정한 자신감의 원천이다. 자신감은 외부에서 오는 것이 아니라 내 안에서 만들어지는 것, 즉 내가 어떤 상황에서든지 적극적으로 대처해 나가겠다는 결단을 내림으로써 진정한 자신감이 생기는 것이다. 무용에서의 자신감은 과제를 수행하는 데 요구되는 중요한 요인으로 불안과 긴장을 해소하고, 무용수에게 요구되는 기술 수행을 성공적으로 해낼 수 있는 능력에 대한 개인의 확실성 정도(믿음)를 인식시킨다. 이와 같이 자신감은 수행성취와 밀접한 관계를 갖고 있으며, 무용수는 자신감을 향상시키기 위한 긍정적인 사고와 지속적인 훈련을 통해 자신만의 방법을 개발해야 한다.

자신감을 높이기 위해서는 우선 구체적인 목표를 세워야 한다. 식상하고 뻔해서 굳이 왜 해야 하는지 의구심이 들 수도 있지만 이 첫 단계는 절대적으로 중요하다. 많은 사람들이 "나는 '자신감이 있다'라는 게 어떤 건지 확실히 안다" 혹은 "나는 끝까지 완벽히 해낼 수 있다"라고 생각하기 때문에 목표 세우기를 무시하고 넘어가는 실수를 한다. 좀 더 곰곰이 생각해보면 자신감이 있다는 것, 혹은 완벽히 끝까지 잘 해낸다는 것이 어떤 건지 구체적이지 못하고 애매하다는 것을 알게 된다. 그렇다면 이러한 추상적인 목적을 달성하는 건 더욱 쉽지 않다는 사실도 깨닫게 된다.

자신감 있는 태도를 통하여 진짜 얻고 싶은 것이 무엇인지 몇 가지 예를 들어보면 사람마다 진정한 자신감에 대한 생각과 그것을 통해 원하는 것들이 얼마나 다양한지 알 수 있다.

자신감을 통해 내가 원하는 것이 무엇인지 알기

목표	내가 원하는 것
"나는 진정한 자신감을 갖고 싶어!"	• 관계 속에서 편안하고 차분한 태도 갖기 • 내 단점뿐 아니라 장점도 보기 • 긴장을 풀고 편안한 기분을 자주 가지려고 노력하기 • 스스로 불안해하거나 의심하지 않기 • 비판을 인신공격으로 받아들이지 않기 • 새로운 취미 생활을 만들기 • 지인과 함께 여행 계획을 계획해보기

위의 예시를 바탕으로, 이제 나만의 목록을 만들어보자. 자신감과 관련해 현재 나에게 가장 중요하다고 생각하는 구체적인 목표들을 생각해보고 아래의 빈칸에 직접 적어보자.

목표	내가 원하는 것
"나는 진정한 자신감을 갖고 싶어!"	• • • • • •

그리고 읽어보자. 당장 이루고 싶을 것이다. 하지만 원하는 것을 구체적이고 실현 가능한 목표로 변화시키는 것이 먼저다. 적절한 목표를 세우기 위해서는 주의해야 할 점들이 있다.

목표 설정 시 주의해야 할 점

① 구체적이어야 한다.

무엇을, 언제, 누구에게, 어떻게 등이 명확해야 한다. "날 보러 온 관객이 감동을 느꼈으면 좋겠어"는 원하는 것은 맞지만, 구체적인 목표로는 적절치 않다. "이번 무대에서 나의 춤과 연기를 보고 감독님과 부모님이 많이 좋아졌다고 칭찬해주셨으면 좋겠어!"가 더 적절하다.

② 긍정적이어야 한다.

말하자면 더 이상 원하지 않는 것이 아니라 원하는 것만을 포함해야 한다. "이제부터 무대에서 불안해하지 않을 거야"가 아닌, "이번 공연에서 내가 맡은 장구춤을 실수하지 않을 거야"가 바람직하다.

③ 행동을 포함해야 한다.

내가 직접 나서서 말하고 행동하는 것을 목표에 포함해야 한다는 뜻이다. "자신감을 가질 거야!"보다는 "다음번 공연에는 파트너와 대화를 자주 함으로써 호흡을 잘 맞춰야겠어"처럼 구체적인 행동이 들어간 목표를 세우고 실천해야 한다.

④ 현실적이어야 한다.

방대하고 추상적인 목표가 아니라 현실적인 목표를 세워야 한다. 예를 들어 무대에서 '단번에' 침착함과 안정감을 갖는 건 비현실적이다. "비록 계속 불안을 느끼겠지만 그래도 연습에 참여한 후 테크닉과 관련된 연습내용 일지를 작성해야지"처럼 현실을 직시하는 동시에 조금씩 발전하는 모습을 위한 목표를 세워야 한다.

⑤ 내가 주체가 되어야 한다.

자신이 책임을 질 수 있는 목표여야 한다. 목표 성취 여부는 자신에게 달려 있기 때문이다. 동료가 나와 같이 춤을 출 것인지를 내게 물어봐야만 한다는 것은 책임을 타인에게 미루는 생각으로, 목표로 전혀 적절치 않다. "다음에 나와 함께 파트너를 하지 않겠냐고 용기 내서 물어볼 거야"라고 생각해야 한다.

○ 동기
● 자신감
○ 집중력
○ 긴장
○ 무용 심상

목표를 세우고 확인하고 결정하는 데 시간이 걸린다 해도 걱정하지 말자. 적절한 목표를 세운다는 것은 간단한 일이 아니다. 시작이 반이니 용기를 내어보자!

«2»
자신감 착각(지난친 자신감, 경계해야 할 것)

자신감이 무엇이냐는 질문에 50% 이상이 자만심과 자부심이라는 단어와 혼용하여 사용한다고 한다. 자부심은 '자신 또는 자신에 대해 스스로 그 가치나 능력을 믿고 당당히 여기는 것'이며, 자만심은 '자신이나 자신과 관련 있는 것을 스스로 자랑하여 뽐내는 것'이다. '나만 할 수 있다'의 자만심과 '나는 할 수 있다'의 자부심의 차이는 미묘하지만 결과는 정반대로 나온다는 사실을 명심해야 한다. 또한 스스로 자랑하는 자만심은 지나친 자신감에서 발생한다는 것을 유의해야 한다.

> "나는 관객수가 너무 적었을 때, 관객의 연령대가 너무 낮았을 때 자신만만해지면서 오히려 동작실수를 한 적이 있어요."
>
> _J대학 재학생

눈이 부실 정도의 조명, 많은 관객들의 시선, 그리고 무대가 주는 긴장감 등으로 인해 무용수들은 무대 위에서 자신이 지닌 기량을 완벽하게 펼치기란 쉽지 않다. 아무리 연습에서 100% 최선을 다했다고 하더라도 자신의 노력이 춤으로 완벽하게 발휘되기 어려운 곳이 무대라는 곳이다. 그러므로 무대를 준비하는 데 있어 가장 위험한 것은 지나친 자신감, 즉 자만감이다. 자만감으로 연습을 게을리 하거나 파트너를 무시하거나 혹은 선생님 및 동료의 충고를 가벼이 여기는 등의 행동은 곧 큰 실수로 이어진다.

공연 연습 중 순서를 잊어버렸다고 가정해보자. 이때 당신을 궁지로 몰아넣을 가능성이 가장 큰 것은 무엇일까? 건망증도 아니고, 피곤도 아니다. 바로 자신감이다.

순서를 잊어버린 그 실수의 근본 원인을 찾거나 잠시 연습을 멈추고 어디서부터 잘못된 것인지 확인하지 않는다면 이미 자신감에 취한 사람이며 반드시 경계해야 할 부분이다.

틀린 길로 가장 멀리 달려가는 사람, 혹시 너무 자신만만한 사람은 아닐까? 우리는 자신감을 능력과 성공의 자연스러운 부산물로 간주한다. 자신감이 있어야 만사를 잘할 수 있다고 생각한다. 하지만 옳고 그름에 관계없이 무언가를 한다는 것만으로써 자신감을 표출하고 있는 건 아닐까? 자신감이 질문을 가로막는다면, 그것은 우리를 앞으로 나아가게 하는 것이 아니라 사슬로 옭아매는 것이다. 우리는 자만심을 떨쳐내고 태산과 같은 자부심을 유지할 방법이 필요하다. 동시에 지나친 자신감에 빠지지 않으려면 겸손한 마음의 능력을 길러야 한다. 이 능력을 지닌 사람만이 자신의 부족한 점을 발견하고 더 열심히 노력할 것이다.

'오늘은 이만하면 됐고'라는 지나친 자신감과 '내일 몰아서 한꺼번에 연습해도 난 가능해'라는 자만심이 공연을 실패로 이끌 확률이 높다는 것을 잊지 말자. 그리고 자신의 오늘을 내일로 자연스럽게 양보하기 시작할 때부터 그런 하루들이 모여 자신의 춤 인생에 마침표를 찍게 된다는 사실을 기억하자!

Q 지나친 자신감으로 무대 위에서 실수를 했던 경험이 있나요?

«3»

너, 더 잘할 수 있을 것 같은데!

자신감, 자의식, 자부심 같은 단어들이 정확히 무엇을 의미하는지 이해하는 건 쉽지 않다. 각 단어는 서로 다른 의미를 포괄하는 넓은 개념이기 때문이며, 무엇보다도 자신감에 대한 느낌이 사람마다 다르고 효과적으로 적용되는 수준 또한 매우 다르기 때문이다. 누군가는 자신감을 스스로 괜찮은 사람으로 느끼는 것, 혹은 모든 것이 제자리에 있다는 느낌으로 이해한다. 하지만 누군가에게는 설득력을 갖게 되거나 심지어 우세한 위치를 차지함을 의미한다.

자신의 존재를 정의하고 삶에서 이루려고 하는 것을 알아내는 데 유용한 개념으로서 자신감을 생각하는 사람들도 있는데, 아마도 그 배경은 우리 사회가 자신감 자체에 큰 의미를 두기 때문일 것이다. 모임이나 학교 등 타인과의 관계에서 자신의 이익이나 의견 표출을 위해서 자신감이 필요했던 상황을 여러 번 경험했을 것이다. 자신감은 행복한 삶을 위한 필수 요소이며 내 삶을 능동적으로 바꾸는 힘이다. 문지르기만 하면 나타나는 램프의 요정처럼 단번에 강한 자신감을 갖는 건 비현실적인 목표다. 당신의 타고난 기질과 삶의 경험을 중심으로 진짜 나를 찾아내는 것이다. 이런 자세로 차근차근 자신감 내공 쌓기의 달인으로 거듭나보자!

1) 나를 받아들이기 '수용의 힘'

수용한다는 것은 무언가를 쟁취하기 위한 끝없는 투쟁을 멈추는 것을 의미한다. 일단 현실과 자기 자신을 있는 그대로 받아들이면 어떤 변화와 발전이 가능한지 그리고 변화하기 위해 무엇을 할 수 있는지 명확히 볼 수 있다. 수용의 자세는 자신의 성격을 새롭고 유연한 시각으로 바라보는 데 많은 도움이 된다. 약점에서 좋은 면을 발견하려고 노력한 적이 있는가? 이상하게 들릴지 모르겠지만, 거의 모든 성격은 관점에 따라 강점 혹은 약점이 될 수 있다.

불안을 예로 들어보자. 당신은 이 감정이 부정적이라는 생각부터 할 것이다. 실제

로 불안은 자신감을 낮춘다. 그러나 긍정적인 면도 무시할 수 없다. 불안을 잘 느끼는 사람은 다른 사람들이 필요로 하는 것에 굉장히 민감하며 타인에게 감정 이입을 쉽게 할 수 있다. 약점이라고 생각한 것도 다른 관점에서 보면 장점이 될 수 있는 것이다. 자신만의 약점을 찾아내서 다른 시각으로 접근하고 관찰한 후, 이를 강점으로 전환해보는 것이다. 다음의 예시를 읽고 빈칸은 직접 채워보자.

나는 이런 사람이다. 그러나 다르게 생각하면?

일반적인 관점에서는 나는 이런 사람이다!	다르게 생각하면 나는 이런 사람이다!
항상 걱정이 많다	매우 꼼꼼하다
겁이 많다	주의 깊고 신중하다
동료의 비판에 지나치게 예민하다	사회적인 징후를 잘 알아차린다
소극적이다	적절한 시점에서 물러설 줄 안다
부끄러움을 많이 탄다	사회 규범에 맞게 행동한다
항상 너무 골똘히 생각한다	정확한 판단을 내릴 수 있다

무용의 관점에서는 나는 이런 사람이다!	다르게 생각하면 나는 이런 사람이다!

수용은 지금까지 부정적으로만 바라봤던 상황에서 긍정적인 측면을 발견하는 데 도움이 된다. 편견이나 선입견 없이 그 상황에 몰두함으로써 새로운 점을 발견하게 된다. 자신에 대한 생각을 자유롭게 적어보자.

2) 행복한 착각하기 : 생각 전환 연습!

자신감의 개발과 긍정적 사고 훈련을 위해 자주 사용되는 심리학적 방법으로 생각의 전환이 있다. 이 전략은 무용수들이 자기의 부정적 사고를 스스로 인식하고 긍정적 사고로 전환시키는 데 효과적이다. 첫 번째 단계에서는 수업이나 리허설, 연습, 공연 등의 상황에서 자신이 생각하게 되는 부정적인 표현이나 말들을 글로 적어본다. 두 번째 단계에서는 첫 번째에서 작성한 부정적인 표현에 상반되는 긍정적인 표현이나 생각들을 글로 적는다. 긍정적인 표현들은 자신의 동기를 고취시킬 수 있는 구체적인 단어들을 사용하여 빈칸을 채워보자!

생각 – 전환 연습

부정적 생각	때, 장소, 상황	긍정적 생각

3) 사실과 가치를 구분하기(타인의 비판을 건강하게 받아들이기)

자신감이 있는 사람은 자신에게 쏟아지는 비판을 대할 때 정당하고 도움이 되기 때문에 받아들여야 하는지, 아니면 부당하기 때문에 무시해도 되는지를 정확히 구

별할 줄 안다.

사람은 누구나 비판을 받을 때 반사적으로 저항한다. 이건 지극히 자연스럽고 인간적인 모습이다. 여기서 짚고 넘어가야 하는 건, 마음의 일시적인 동요가 가라앉은 뒤 자신의 약점을 인정하고 수용할 때 비판을 대하는 태도다. 다시 말해 비판이 부분적으로라도 정당한지, 무엇을 배울 수 있는지 스스로에게 물을 수 있어야 한다는 것이다.

예리한 비판은 공연을 더 완성도 있게 만들거나, 파트너와의 관계에서 호의적으로 행동하도록 돕는 조언의 의미를 담고 있다. 비판은 당신에게 행동을 바꿀 기회를 제공한다. 그러나 단지 기분만 나빠지고 사고나 행동에 변화를 가져올 수 없는 비판은 거부할 수 있어야 한다. 도움이 될 만하다고 판단할 수 있어야 한다. 거부해야 하는 비판을 구분하는 데 도움이 되는 기준을 소개한다.

비판을 구분하는 데 도움이 되는 기준

부정적 생각	때, 장소, 상황	긍정적 대처
상대를 일반화한다 "너는 너무 예민해."		구체적이다 "너는 너무 자주 나를 방해해."
상처를 입힌다 "너는 절대로 변할 수 없어."		유용하다 "변화가 필요해."
할 수 없는 것을 말한다 "너는 충분히 마음이 열리지 않았어."		할 수 있는 것을 말한다 "뚜렷한 목적을 가지고 감독에게 말해야 하지 않을까?"
인격을 비난한다 "넌 절대 못해."		행동과 상황을 말한다 "우리는 이 장면을 더 능숙하게 표현할 수 있다고 생각해."

상대방에 도움이 되는 비판이라도 대부분의 경우 최선이 아닌 형태로 표현된다. 그래서 어떤 이들은 몇 차례에 걸쳐 비판을 받아도 반응하지 않으려 한다. 이런 경우 비판의 핵심을 밝혀낸 후 도움을 줄 수 있는 내용으로 전환하는 것은 전적으로 자신의 몫이다.

자신이 들었던 비판에 대해 그들은 어떻게 생각하는지 솔직한 의견을 구해보자. 만약 여러 사람이 당신을 같은 내용으로 비판했다면 그건 흘려버려서는 안 되는 중요한 단서이다. 그 비판은 당신에게 가치 있는 것이며, 그에 따른 변화를 고민해야 한다!

4) 나만의 긍정적인 주문 만들기

자신감을 개발하는 데 있어 긍정적인 주문을 만들어 자기 암시를 하는 방법도 있다. "생각보다는 잘해낸 것 같아", "이번에 내가 한 연기로 가슴이 벅찼어" 등의 자기 암시적인 문구를 스스로에게 끊임없이 말함으로써 무용수들은 부정적인 생각들보다 적극적인 사고와 자기 암시에 주의를 기울일 수 있게 된다.

Q 자기 자신만의 긍정적인 주문 내용을 만들어볼까요?

5) 목표 달성 "만다라트 계획표"

무용수의 자신감을 향상시키는 효과적인 방법 중 하나는 성공적인 공연에 대한 기대일 것이다. 자신의 실력과 가능성을 예측하여 공연의 결과보다는 준비 과정에 더 큰 비중을 두고 체계적인 훈련과 더불어 특별하고 구체적인 목표를 설정해보자. 목표 설정과 달성을 위한 구체적인 계획표를 작성하는 방법으로 만다라트 계획표를 만들어보자.

만다라트 계획표는 1987년 일본 디자이너 이마이즈 히로아키가 고안한 것으로 굵직굵직한 핵심 목표를 쓰고 이 핵심 목표를 이루기 위한 세부 목표를 세운 다음 그 세부 목표를 써나가는 식으로 만드는 것이다. 이 계획표는 목표한 바를 반드시 실천하여 이루어낸다는 것이 포인트다.

하나의 핵심목표를 두고, 그것을 이루기 위해 여덟 가지의 계획을 세운 뒤 각 계획을 이루기 위한 세부방안을 여덟 개씩 적으면, 하나의 핵심 목표를 이루기 위해 총 64개의 행동 계획이 만들어지는 것이다. 이와 같이 만다라트는 목표를 시각화해주기 때문에 나의 목표를 매일 눈에 익게 만들고 효율적으로 시간을 쓸 수 있게 해준다. 여덟 가지의 작은 세부 계획을 차근차근 지켜나가다 보면 자연스럽게 성공의 위치로 가게 되며, 동시에 더 큰 계획을 성공시킬 수 있는 자신감이 생기게 된다.

자, 이제 내 실력을 정확히 인지하고 진단하여 목표를 정해보자! 머릿속이 복잡하다면 나에게 지금 꼭 필요한 것이 무엇인지, 가장 중요한 것은 무엇인지 우선순위를 먼저 나열해보는 것도 좋은 방법이다. 그 다음 구체적인 목표를 설정해야 한다. 목표 달성에 필요한 시간, 조건이나 제약 등을 고려하여 나만의 계획표를 멋지게 세워보자.

목표를 현실로! – 만다라트 계획표 작성하기

		⇖		⇑		⇗		
		⇐				⇒		
		⇙		⇓		⇘		

Check yourself

무용에 있어서의 자신감이란
무엇인가요?

자동적 사고란 무엇이며,
부정적인 자동적 사고의 예를 들어볼까요?

자신감 착각이란 무엇인가요?

자신감을 향상시킬 수 있는 방법들에 대해 자유롭게 서술해볼까요?

참고문헌

강수진(2013). 나는 내일을 기다리지 않는다. 서울: 인플루엔셜.

김보희 역(2019). 단 한 걸음의 차이 자신감. 서울: 미래타임즈.

안상헌(2008). 자신감. 서울: 경향미디어.

이정환 역(2015). 열등감을 자신감으로 바꾸는 심리학. 서울: 나무생각.

이진선, 이혜옥(2014). 자기비판을 자신감으로 변화시키기. 서울: 학지사.

이호선 역(2016). 기적의 자신감 수업. 서울: 청림출판.

정성진(2005). 무용전공 학생들의 신체만족도와 공연자신감의 관계. 미간행 석사학위논문. 숙명여자대학교 대학원.

최린(2018). 매일 조금씩 자신감 수업. 서울: 시목.

concentration

#3

집중력

나의 춤을 찾기 위한 주문 걸기

What is Concentration?

집중이란 지금(now), 여기서(here) 자신이 주목해야 할 일에 초점을 순차적으로 맞추는 것이라 정의할 수 있다. "주의 집중은 나에게 무엇을 의미하는가? 지금 해야 할 일에 초점을 맞추고, 지금 하려는 것을 정확하게 수행하도록 나의 신체에 명령하는 것을 의미한다."

_아놀드 파머(Arnold Palmer)

«1»

집중력, 마법을 부리다

집중이란 한곳을 중심으로 주의 또는 에너지를 모아 몰입의 상태로 빠져들게 하는 것으로, 공연에서 최상의 결과를 만들어내는 핵심적 요인 중 하나이다. 무용에서의 집중은 성공적인 공연과 관련된 심리적 요인으로, 기술적 습득과 더불어 효율적인 목표달성을 가능하게 한다. 집중력을 통해 몸과 마음이 하나가 되어 주위 환경과 최상의 상호작용을 일으킬 때, 무용의 기량을 최대한 발휘하는 동시에 자신감을 형성할 수 있다.

무용수들은 연습 때보다 공연 혹은 경연 상황일 때 외부적인 환경에 의해 집중력이 저하되는 경우가 많다. 무용 수행 중 집중을 방해하는 요소로는 무용실 환경, 동료 무용수들, 선배, 음악 소리, 바닥, 조명, 의상 등이 있다. 부적절한 생각이나 정서에 초점을 맞추는 경우 집중이 깨지기 쉬우며 이러한 상황이 반복되면 무용 수행에 부정적인 영향을 미친다. 정상적인 기복에서 더 나아가 교사나 관객에 대한 평가, 지나친 피로, 부상, 무용 수행능력의 변화 등으로 인해 슬럼프에 빠질 수도 있다. 최상의 공연을 수행하기 위해서는 수많은 외부자극을 직면하는 상황에서 심리적으로 동요하지 않고 집중할 부분을 찾아 그것에만 주의를 쏟는 것이 중요하다.

공연수행에서 무용수들이 집중력을 유지하는 것에는 심리적인 부담감이 따른다. 무대에서 공연수행의 수준을 높이고 심리적 부담을 줄이기 위해서는 지속적인 연습을 통해 자신의 집중 유형을 인식하고, 심리기술 훈련을 해야 한다. 무용수들로 하여금 수업, 리허설 또는 본 공연의 무대 환경 등 주어진 상황 안에서 '공연과 관계있는 요인'과 '공연과 관계없는 요인'을 구분하도록 하는 것은 자신의 집중성향을 기초로 한 주의집중 능력을 향상시킬 수 있다.

집중이 잘 되지 않을 때!

"저는 무대의 바닥에 신경이 굉장히 많이 가요. 무대 바닥의 고무가 울거나 표면이 울퉁불퉁하면 온 신경이 바닥으로 쏠려 춤에 집중이 잘 안 돼요. 발레는 토슈즈를 신기 때문에 다른 전공보다 바닥의 상황에 더 민감한 것 같아요." _C대학 재학생

"저는 고등학교 시절 콩쿠르에서 작품을 하는 중 음악이 멈춘 적이 있어요. 그래서 제일 마지막 번호로 다시 춤을 췄었는데 심리적인 긴장과 불안으로 인해 제 춤에 집중하지 못해 실수를 많이 했었어요. 그 이후로는 음악에 굉장히 민감해요."

_S대학 재학생

"수업 전 밥을 먹거나 체중이 늘면 몸이 무거워진 게 확 느껴져서 집중이 안 돼요. 다리를 드는 동작을 하거나 점프를 뛸 때 더 힘이 들거든요. 다이어트 때문에 스트레스도 받지만 어쩔 수 없는 직업병인 것 같아요." _D대학 재학생

"연습실에서는 집중이 잘 되지만 무대에만 서면 긴장돼요. 무대 공포증이 어릴 적부터 있었어요. 무대 공포증을 꼭 이겨낼 거예요."

_S대학 재학생

집중이 잘 되지 않을 때!

"현대무용의 특성상 힘을 쏟아부어야 하는 작품들이 있어요. 그래서 저는 항상 무용하기 전에 에너지바를 먹어요. 수업 전 밥을 먹기엔 부담이 돼서 빠른 시간 내에 힘을 쏟을 수 있는 간식을 찾다 저에게 딱 맞는 간식을 찾게 되었어요. 에너지바를 먹고 무용을 하면 더 힘이 나서 잘 뛰어지는 느낌이 들어요."

_D대학 재학생

"어릴 적 저를 가르쳐주셨던 선생님께서 항상 수업 한 시간 전부터 몸을 풀어야 한다고 가르쳐주셨어요. 선생님의 말씀을 따라 수업 전 또는 공연 한 시간 전부터 홀에 들어가 몸을 푸는 게 습관이 되어서 그런지 꼭 몸을 길게 풀어야 집중이 잘 돼요. 어쩌다 부득이하게 시간이 되지 않아 몸을 못 풀고 수업에 들어가게 되면 집중이 잘 안 되었어요."

_K대학 재학생

"저는 심리적으로 무언가 아무런 고민이 없을 때 집중이 잘돼요. 조금이라도 신경이 쓰이는 고민거리가 있으면 그 걱정 때문에 집중이 되지 않아요."

_B대학 재학생

"거울에 비치는 제 모습에 신경이 많이 가요. 그래서 저는 제가 원하는 연습복을 입었을 때, 머리 모양이 내 마음에 들게 잘 되었을 때 집중이 가장 잘돼요."

_H대학 재학생

Q 여러분들도 무용하면서 집중이 잘되었을 때와 잘되지 않을 때의 경험이 있나요?

집중이 잘되었을 때	집중이 잘되지 않을 때

집중력을 높이는 명상 : 마인드풀니스(Mindfulness)

현대인들 대부분은 만성피로에 시달리면서 살아가고 있다. 특히 직장인들은 매 순간 자신의 에너지를 최대한 발휘하여 문제의 상황을 헤쳐나가고, 열심히 하지 않으면 도태된다는 심리적 압박감에 엄청나게 시달린다. 구글은 '조직의 발전'과 직원 '개개인의 웰빙', 이 두 가지의 가치가 균형을 이루도록 철저한 관리프로그램을 시행하고 있다. 『마인드풀니스』라는 프로그램을 통해 신체적·정신적·사회적으로 건강한 상태를 위한 내면검색을 경험하게 하고 있다. 이 프로그램은 9주 동안의 기본적인 명상 트레이닝을 바탕으로 하며, 구글 사내에서 가장 인기 높은 프로그램 중 하나이다.

마인드풀니스란 심신에서 일어나는 것들을 깨어 있는 의식으로 온전히 느끼는 상태를 뜻한다. 명상을 가장 기본으로 하여 호흡을 의식하면서 지금의 내가 있는 곳을 매 순간 계속해서 받아들이는 것이다. 주의력을 높임으로써 집중의 상태를 만들어내는 것이 트레이닝 프로그램의 기본이며, '집중력 훈련법'이라고도 한다.

마인드풀니스 트레이닝

하루에 5분에서 10분 정도 호흡에 집중한 명상을 시도하는 것만으로도 마인드풀니스에 이를 수 있다. 명상을 통해서 뇌를 쉬게 하면서 마음은 흔들리지 않도록 집중의 힘을 키우는 것이다. 존 카밧진(John Kabat Zinn) 박사는 마인드풀니스 트레이닝을 신체 근육 단련과 비유하며 마음의 근육을 단련하는 것이라 하였다. 예를 들어 근육 트레이닝을 할 때 덤벨을 몇 번이고 들었다 내렸다를 반복하며 위팔두갈래근의 근력을 키우듯이, 주의력이라는 마음의 근력도 수차례 훈련을 반복해보면 향상된다는 것이다.

'마인드풀니스 리더십'은 언제나 내면에 집중해서 나 자신의 리더십을 지속시키며 살아가는 것을 말한다. 개인이 충분히 성취를 얻는 삶을 살게 되면 자연스럽게 조직의 성공으로까지 이어질 수 있다. 즉 개개인이 집중하면 조직 전체의 집중도까지 영향을 미치게 되어 좋은 성과를 얻을 수밖에 없는 것이다. 현재는 구글에 이어 페이스북, 링크드인, P&G, 골드만삭스 등 세계 유명 기업들이 마인드풀니스를 직원 교육에 활용하고 있으며, 많은 인재들이 이 프로그램을 실천하고 있다.

마인드풀니스의 효과

개인의 업무 능률, 리더십

a. 타인에게 좋은 영향을 미침

b. 타인과 신뢰 관계를 형성함

c. 자신의 가치관과 조직의 비전을 연결함

조직의 능률

a. 생산성 향상

b. 팀워크 향상

c. 기존의 틀을 초월한 혁신

심신의 건강

a. 사소한 이해득실을 초월하여 사회적 대의를 자각함

b. 외부 변화에 흔들리지 않은 충족감

c. 안정된 기능

행복감 촉진

a. 긍정적인 감정 증진

b. 우울, 불안 억제

d. 스트레스 완화

마인드풀니스의 호흡법

1단계
마인드풀니스의 목적을 확인한다.

2단계
의자에 앉아 편안한 자세를 취한다.

3단계
천천히 눈을 감는다.

4단계
5분간 호흡에 집중한다.
①호흡에 주의 집중한다.
②주의가 빗나간다.
③주의가 빗나갔음을 깨닫는다.
④빗나간 주의를 호흡으로 되돌린다.

5단계
마지막에 3회 심호흡한다.

마인드풀니스란?

지금 이 순간에 마음을 집중시키고 받아들이는 것이다. 인생을 그저 흘려보내는 것이 아니라, 지금 이 순간을 살아가고 있는 자신의 일에 대한 감각을 느끼는 것이다.

Q 공연(콩쿠르) 상황에서 나의 관심이 가는 것들을 모두 적어보고, 성공적인 공연과 관계있는 요인과 관계없는 요인으로 다시 나누어볼까요?

공연 상황에서 나의 관심이 가는 것들

성공적인 공연과 관계있는 요인	성공적인 공연과 관계없는 요인

«2»

몰입 (Flow)

성공을 향한 치열한 경쟁 사회에서 많은 사람들은 효율적으로 우위를 선점하기 위하여 인생의 목표를 향한 몰입을 시도한다. 몰입은 의욕의 기폭제이자 더 나은 삶을 살아가기 위한 유용한 무기와도 같다. 좋은 결과를 만드는 몰입의 과정은 자신의 가치를 더 높일 수 있으며, 마지막까지 자신에게만 집중할 때 완벽한 몰입에 의한 성취감은 더욱 높아진다.

몰입은 수동적 몰입과 능동적 몰입으로 나눌 수 있다. 수동적 몰입은 주도성이 결여된 어떤 의무감이나 강압이 깔려 있는 상태이다. 예를 들어 사자의 공격을 피해 필사적으로 도망치는 얼룩말의 몰입은 생존과 직결된다. 이와 같은 몰입을 수동적 몰입이라고 한다. 반면 능동적 몰입은 위기상황이 아니어도 지속적으로 생각에 집중할 수 있는 능력이다. 나 자신을 스스로 움직이는 주도적 방향성을 갖고 최고의 성취를 위한 목적지를 향해 달려가보자!

성공적인 결과를 위한 몰입의 비결

나만의 목표 설정하기

정확한 목표는 주위의 잡념, 방해물을 차단하고 꼭 필요한 것에 정신을 집중할 수 있게 하므로, 단계별 목표를 설정하는 것이 매우 중요하다.

적절한 난이도 찾기

목표의 적당한 난이도 설정이 몰입도를 유지할 수 있다.

일상에서 규칙 만들기

소설 『찰리와 초콜릿 공장』의 작가 로알드 달(Roald Dahl), 작가 무라카미 하루키(村上春樹), 작곡가 차이콥스키(Piotr Ilyitch Tchaikovsky) 등은 자신이 설정한 일상의 규칙들을 철저히 관리하고 실천했다.

한 번에 한 가지 일하기

현대인들에게 멀티태스킹 능력은 매우 중요하지만, 여러 일을 한 번에 하게 되면 완전히 집중하지 못해 많은 실수를 하게 되고 낮은 성취감을 느끼게 된다. 가능하면 한 가지 일을 마친 후에 휴식을 취하고, 다음 일을 하는 습관을 지니도록 노력하자.

방해 요소에서 멀리 떨어지기

자신에게 방해가 되는 사물이나 사람이 있다면 멀리멀리 떨어지자.

온전한 혼자만의 시간 갖기

바쁜 생활 속 자신만의 시간을 갖기는 쉽지가 않다. 하지만 일부러 노력해서라도 남에게 방해받지 않는 나만의 시간을 가져야 한다. 내가 인생에서 누구를 위해 시간을 보내야 하는지, 무엇에 집중하고 몰입해야 하는지 이 두 가지를 기억하고 나를 위한 목표를 지향해야 한다.

1) 무용수의 몰입

무용수가 콩쿠르 입상이나 공연과 같은 목표에 집중하기 위해서는 불필요한 생각을 줄이고 자신만을 위한 시간을 효율적으로 써야 한다. 평소에도 취미나 여가, 먹

몰입의 정의

몰입(flow)이란 한 가지 대상에 집중하여 시간·공간의 개념을 잊고, 심지어 자기 자신에 대해 인식조차 하지 못할 정도로 빠져드는 심리적 상태이다.

"몰입은 의식이 경험으로 꽉 차 있는 상태이다. 이때 각각의 경험은 서로 조화를 이룬다. 느끼는 것, 바라는 것, 생각하는 것이 하나로 어우러지는 것이다."

_미하이 칙센트미하이(Mihaly Csikszentmihalyi)

고 싶은 음식을 과감히 포기할 수 있어야 하고, 무대에 올라가는 마지막 순간에는 나의 춤을 제외한 모든 것을 버리고 오직 무용수로서의 내 역할에 완전히 몰입해야 한다. 완벽한 몰입이란 자기 자신 이외의 것을 통제하는 것이다.

무용 심리학에서 몰입이란 움직임 수행과 관련된 활동에 집중하여 자신조차 잊어버리는 최상의 심리적 상태를 말한다. 무용 수행 중 몰입의 경험은 자신의 의식과 신체가 하나가 되는 경험이다. 특히 한국무용 전공자들의 몰입(flow)은 신명과 유사한 특성을 보인다. 칙센트미하이(Csikszentmihalyi)는 운동선수들이 느끼는 '물아일체의 상태', 신비주의자들이 말하는 '무아지경 또는 황홀경(ecstasy)', 예술가들이 경험하는 '미적 환희(aesthetic rapture)' 등의 몰입 경험은 접신 상태와 유사한 경험이고, 한국무용 전공자들이 말하는 신명 상태와 크게 다르지 않다고 주장했다. 따라서 복잡한 생각들을 축소시키는 완벽한 몰입은 무용수의 신체와 정신의 합을 끌어내는 춤의 기능적 차원으로까지 확대된다.

몰입은 무용 수행의 기술적 향상, 표현력 향상을 통해 만족감, 기쁨, 자신감 등을 충족시켜주는 원천이 된다. 무용수의 의지와 좋은 변화를 이끌어냄으로써 내외적인 요인을 창출할 수 있는 계기와 더 높은 수준의 신체 수행능력을 가능하게 한다. 공연이나 콩쿠르에서 자신의 능력이 최고로 발휘되는 경험은 원하는 목표에 한층 더 다가갈 수 있게 한다.

예술가나 스포츠선수들은 자신이 수행해야 하는 중요한 순간에 최대한 몰입하고자 노력하며, 그 경험 자체에 높은 가치를 부여한다. 다음으로 스포츠선수들의 몰입 비결에 대해 알아보자.

신명(神明)이란?

신명은 한국의 긍정적 정서로서, 옛날부터 한국 문화와 사람들을 이해하는 개념으로 다루어져왔다. '신명 난다', '신바람 난다' 등은 어떤 일에 신나게 빠져들거나 즐겁게 일을 할 때 사용하는 말이다.

몰입과 신명의 공통점과 차이점은 무엇일까? 몰입과 신명의 비슷한 점은 경험을 통해 느끼는 것이다. 신명은 엑스터시(ecstasy)에 가까운 경험으로 이해되고 있는데 전통 예술 분야에서 신명 경험을 묘사한 부분들을 보면 몰입 경험과의 관련성이 더욱 두드러진다.

첫째, 전통 춤에서 경험되는 신명은 무용수의 개인적 경험이며 신명을 경험하기 위해서는 기술적 숙련도가 전제되어야 하고, 신명의 이러한 점은 과제의 난이도와 숙련도의 함수로 표현되는 몰입의 성격과 매우 유사하다고 할 수 있다. 그러나 전통 무용수들의 신명에 대한 묘사에서는 일반적으로 신명 현상의 대표적 특징이라 생각되는 집단적 전이나 약속된 무질서 등과 같은 특징이 나타나지 않는다.

둘째, 몰입과 신명이라는 두 개념이 파생된 역사와 문화적인 배경이 다르다. 기피대상이었던 일에서 즐거움을 찾게 되면서 그에 관한 이론을 설명하기 위한 것이 몰입의 이론이 되었다. 따라서 몰입과 달리 신명은 그 발생 조건에서도 명확한 목표나 도전과 기술의 균형 등으로는 설명하기 어려운 집단적인 동기와 같은 또 다른 조건에 의해 발생하는 것으로 보인다.

셋째, 발현 형태에 차이가 있을 수 있다. 몰입은 어떠한 일에 대한 개인적인 경험을 전제로 한다. 물론 어떠한 집단이 동시에 몰입 경험에 이르는 경우도 있을 수 있겠지만, 몰입을 경험하는 과정과 그 결과는 개인적 성질의 것이다. 그러나 신명은 집단적 전이가 나타나기 쉽다는 특성이 있다. 신명 경험이 풍물놀이판이나 월드컵의 거리 응원에서처럼 강렬한 정서적 경험과 역동적인 행동양식을 수반하는 반면, 몰입은 체스 선수나 의사 등의 경험에서처럼 상대적으로 정적(靜的)인 정서 및 행동으로 나타난다.

따라서 몰입과 신명은 그 기원과 발현 양태 등으로 보았을 때 서로 다른 개념이라 할 수 있다. 그러나 전통 무용 전공자들의 경험에 대한 연구들에서 유추해 보면 한국인들이 '신명'이라 부르는 현상 및 경험 중에는 몰입과 유사한 성격을 가지는 유형이 존재할 가능성이 있다. 또한 문헌에서 나타난 신명 외에도 일반적으로 경험하는 수준에서 더욱 다양한 상황이 있을 수 있다.

무아지경(無我之境)이란 무엇일까? 내가 없는 지경이라는 뜻으로 정신이 한곳에 빠져 스스로를 잊어버리는 경지를 가리키는 말이다. 무아는 어떤 일에 집중하여 마음이 온통 한곳에 쏠려 스스로의 존재마저 망각한 듯한 상태를 가리키며 무아경(無我境)이라고도 한다.

2) 올림픽 금메달리스트와 주도적 몰입

무용수와 스포츠 선수는 공통점이 많다. 무용수들이 콩쿠르나 공연을 준비하는 과정과 스포츠 선수들이 각종 대회를 준비하는 과정은 단지 즐기기 위한 것이 아니다. 자신의 한계를 뛰어넘어야 하는 연습과 훈련의 시간은 당장이라도 돌아서고 싶을 만큼 힘든 시간으로 다가온다. 이러한 힘든 과정을 이겨내고 만족스러운 결과를 얻는다는 것은 그만큼 주도적 몰입과 자기 의지가 있어야만 가능하다. 선수들에게 몰입이란 한순간에 그치는 것이 아니다. 그들에게 올림픽에서의 메달 획득은 자신의 인생에서 완수해야 할 가장 중요한 과업이기 때문에 장기적인 몰입은 필수적이다.

몰입하는 방법

1 목표

– 나만의 목표를 정해라, 단계별 목표를 설정해라.

– 이룰 수 없는 목표는 절대 몰입에 도움이 안 된다.

– 허상을 믿지 말고 보이는 목표를 믿어라.

2 나만 생각해라

– 나에게 방해가 되는 시간은 과감하게 버려라. 나를 위한 시간을 보내자.

– 가끔은 타인보다는 나를 먼저 배려해보자.

3 모든 낯선 것에 익숙해져라

– 위기 앞에서 마음의 평정심을 잃지 않는 담대함을 가져라.

– 방해 요소들을 외면할 수 있는 의연함을 키워라.

– 슬럼프에 대한 관점을 바꿔라. 슬럼프는 누구보다 열심히 살았다는 증거다. 그 사실을 즐기고, 잠깐 휴식을 취해야 할 때다.

4 흥미를 느껴라

- 목표한 바를 성취하면 기분 좋은 마음이 생긴다. 잘하게 될 때까지 한 걸음씩 나아가라.
- 인정받고 자신감이 높아지면 기분 좋은 마음은 지속적으로 생겨난다.

5 자신을 사랑해라

- 자기애가 강한 사람은 결과가 만족스럽지 못해도 과정을 중요하게 생각하고 목표를 향해 나아갈 수 있다.
- 단점을 보완하는 것에 치중하기보다는 장점을 강점으로 만든 다음 단점을 보완해라.
- 경쟁자에 대한 관점을 바꿔라. 경쟁자를 의식하며 좌절할 것인지 자극을 받아서 성장할 것인지 선택하는 것은 자신의 몫이다.

무용 전공 친구들의 예시를 보며 각자 자신만의 몰입하는 방법과 몰입이 잘되는 순간을 생각해보자.

몰입이 잘 됐을 때

"저는 캐논 변주곡을 가장 좋아하는데, 그 음악에 맞춰 춤을 추면 나에게, 내 춤에 몰입하게 돼요. 이런 걸 보면 저는 제가 좋아하는 음악에 춤을 출 때 가장 몰입이 잘 되는 것 같아요."

_K대학 재학생

"무대에 올라가기 전에 꼭 심상 기법을 활용해요. 눈을 감고 음악을 들으며 무대에서 춤을 추고 있는 저 자신을 상상하는 거예요. 그러고 나서 무대에 올라가면 몰입이 잘 돼요."

_P대학 재학생

Q 내가 몰입했던 무용 관련 경험을 떠올려볼까요?

3) 리우올림픽 양궁선수단의 금메달 획득 비결은 뉴로피드백

심리훈련은 1980년대 이래로 지금까지 꾸준히 발전해왔다. 2011년부터 김영숙 한국스포츠개발원 선임연구원은 대회 전 뇌파 치료를 이용한 뉴로피드백을 국가대표 양궁 선수단에 적용했다. 선수들 두피에 전극을 붙이고 자신의 경기 영상을 집중, 몰입해서 보게 하였다. 이때 뉴로피드백 시스템이 선수들의 순간순간 심리상태를 분석해 화면에 나타내어 준다. 이 과정을 반복하면 안정적인 뇌파와 불안정한 뇌파가 언제 나오는지 정확하게 파악할 수 있다. 자신이 좋은 점수를 받았거나 조준이 잘 되

뉴로피드백(Neurofeedback)이란?

건강한 몸을 유지하기 위해 생리적 신호를 바꾸는 것을 바이오피드백이라고 한다. 뉴로피드백은 바이오피드백에서 사용되는 심박수, 호흡수, 땀샘의 활성도, 근 긴장도, 피부의 온도와 뇌파 등 여러 생리학적 신호 중에서 뇌파를 사용하여 특정한 상태를 유도하는 셀프 훈련법이다.
뇌는 긍정적인 생각으로 전환 및 유지시키는 학습이 가능한 기관이며, 뉴로피드백은 이를 활용한 훈련방법이다. 훈련자는 장비를 통해 자신의 현재 뇌파 상태를 시각적 혹은 청각적으로 실시간 전달받게 되며, 원하는 뇌파 상태에 도달하도록 스스로 조절하는 훈련을 반복함으로써 뇌 기능을 향상시킨다. 이러한 훈련을 통해 기존의 뇌 활동 패턴이 변화되는 습관화가 이루어지면, 일부러 노력하지 않이도 이미 습득된 뇌 활동 패턴이 유지되어 스스로 자신의 뇌를 변화시킨다.

어 과녁이 크게 보였던 순간에는 긍정적인 뇌파가 나왔다. 이렇게 선수들의 심리를 파악하고 선수들에게 자신이 어떤 생각과 마음가짐을 하고 있었는지 스스로 기억하도록 훈련을 반복한다. 이러한 과정은 올림픽 경기 중 결정적인 순간에도 스스로 긍정적인 뇌파가 나왔던 생각이나 마음가짐을 떠올려 최상의 상태를 유지할 수 있게 한다. 즉 뉴로피드백은 주어진 조건에서 스스로 원하는 뇌파를 강하게 만들어내는 반복적인 훈련을 통해 선수들이 실전에서도 긍정적인 뇌파를 만들어내어 긴장하지 않고 게임에 집중하게 하는 원리이다. 뉴로피드백 훈련을 통해 선수들은 자연스럽게 정신력을 키울 수 있다. 이 훈련은 국내뿐 아니라 해외 스포츠 축구, 사격, 쇼트트랙 스케이트 등의 여러 분야에서 활용하고 있다.

Check yourself

집중이란 무엇인가요?

집중을 방해하는 외적인 요인은 무엇일까요?

집중을 방해하는 내적인 요인은 무엇일까요?

집중력 강화에 도움을 줄 수 있는
프로그램으로 어떠한 것이 있을까요?

나 자신만의 집중력 강화 프로그램을
만들어서 발표해봅시다.

몰입이란 무엇인가요?

수동적 몰입과 능동적 몰입은 어떻게 다른가요?

나만의 몰입 방법을 정리해볼까요?

참고문헌

김정수, 황규자 역(2013). 무용 심리학. 서울: 금광.

정유영, 조영주(2010). 무용 심리학. 창원: 창원대학교.

집중

라일폭스(2017). 일상이 가뿐해지는 마음 정리법. 서울: 라온북스.

박정길(2008). 집중 (성공을 만드는 강력한 힘). 서울: 마젤란.

스포츠심리학회(2005). 스포츠심리학 핸드북. 서울: 무지개사.

이상원 역(2012). 집중력, 마법을 부리다. 고양: 갈매나무.

장은주 역(2016). 세계 최고 인재들의 집중력 훈련법. 고양:가나출판사: 가나문화콘텐츠.

[채널예스] 구글은 왜 마인드풀니스 프로그램을 시행했을까. http://ch.yes24.com/Article/View/32097

몰입

김도윤, 제갈현열(2018). 최후의 몰입: 올림픽 금메달리스트들의 초집중력 탐구. 파주: 쌤앤파커스.

김혜령(2018). 뉴로피드백 훈련이 초등학생의 학업적 자기효능감 및 학교적응력에 미치는 효과. 미간행 석사학위논문. 한양대학교 교육대학원.

박지원(2012). 명상프로그램을 통한 무용전공생의 심리적 변화 및 학습몰입 경험. 미간행 석사학위논문. 숙명여자대학교 교육대학원.

박태진(2016. 8. 15.). 재미있는 과학 - 한국 양궁 '10.10.10' 뒤엔 '뉴트로피드백' 있었죠. 조선일보.

오율자(1995). 춤에서의 신명체험에 관한 연구. 대한무용학회논문집, 18, 161-172.

유진, 김장우(2004). 프로 한국무용수의 신명경험. 한국스포츠심리학회지 15(1), 97-111.

조향(1987). 무속에 나타난 한과 신명, 그 양상에 관한 연구: 살풀이춤과 탈춤을 중심으로. 미간행 석사학위논문. 한양대학교 대학원.

조영주(2009). 무용몰입의 개념구조 탐색 및 척도 개발. 미간행 박사학위논문. 창원대학교 대학원.

채희완(1983). 집단연희에 있어서 예술체험으로서의 신명. 한국무용연구, 2, 119-142.

최형창(2016. 8. 14.). 성공리에 막 내린 양궁의 '전관왕 프로젝트' 리우데자네이루. 세계일보. http://www.segye.com/newsView/20160814001389?OutUrl=naver

한민(2008). 신명의 심리학적 이해. 서울: 내일을 여는 지식.

Csikszentmihalyi, M.(1975). *Beyond Boredom and Anxiety*. San Fransisco : Jossey-Bass, 42.

Deci, E. L.(1975). *Intrinsic Motivation*. NY : Plenum Press, 23.

[네이버 지식백과] 뉴로피드백 - 뇌파를 통제하는 바이오피드백 기술 (생물산책, 박병운, 과학동아)

tension

#4 긴장

흥분과 불안 사이, 그 적정선을 찾아서

What is Tension?

수백 번 수천 번 연습했는데……

이제는 눈 감고도 할 수 있을 것 같은데……

머릿속이 갑자기 새하얗다……

몸은 말을 듣지 않고…… 어쩌지?

긴장은 팽팽한 상태를 의미하며, 마음이 평온하게 유지되지 못하는 심리적 반응과 일정한 골격근육의 단축상태가 나타나는, 즉 근육이 수축하는 신체적 반응으로 나타난다. 긴장과 비슷한 의미로는 흥분(arousal), 불안(anxiety), 신경과민(nervousness) 등이 있다. 흥분은 감성적인 의미가 내포되어 있고, 불안과 신경과민은 부정적인 의미로 사용된다. 불안감이란 안심이 되지 않은 심리상태나 감정을 의미한다. 불안을 체계화한 지그문트 프로이드(Sigmund Freud,1856-1939)는 불안, 두려움, 공포의 개념을 속성 면에서 다음과 같이 구별한다. 불안은 위험을 발생할 수 있음을 미리 알고 대비하는 것이다. 두려움은 구체적으로 대상을 알고 있는 것, 공포는 준비되지 못한 채로 위험을 맞이하는 것이다. 여키스(Yerkes)와 도슨(Dodson)의 감성적 흥분에 대한 이론에 따르면 흥분이 증가함에 따라 연기력도 같은 수준으로 향상되지만, 어느 정점에 이른 후 계속되는 흥분은 오히려 저해요인이 된다. 긴장은 흥분과 불안의 생리적·심리적 반응과 비슷하여 흔히 같은 의미로 사용되는데, 긴장은 흥분과 불안을 포함하는 좀 더 포괄적인 개념이라 할 수 있다. 이와 같이 긴장감은 긍정적 또는 부정적인 면을 모두 포함하고 있으므로 무용의 상황에서 어느 정도의 긴장감은 공연을 잘할 수 있도록 도움을 줄 수도 있지만, 지나친 긴장감은 무용 연기에 방해가 될 수 있으므로 그 적정선을 찾는 것이 중요하다.

THE DANCE LESSON

Artist	Edgar Degas
Year	1879
Medium	oil-on-canvas painting
Dimensions	33 cm × 88 cm (13 in × 35 in)
Location	National Gallery of Art, Washington, D.C.
Owner	National Gallery of Art

긴장의 상황

중요한 상황이라고 생각될 때 마음을 가다듬어 정신을 바짝 차림으로써 오히려 집중력을 높여줄 수 있는 건강한 긍정적인 측면이 있으나, 너무 많이 긴장한 경우에는 불안, 근심, 흥분이 고조되어 정신적, 감정적 조절이 통제되지 않는 문제가 생긴다.

정신적, 감정적 긴장은 거의 동시에 신체에 영향을 미쳐 근육이 수축되고 경직되는 상태로 이어져 몸의 자유로운 사용을 방해하고 성공적인 경험을 망치게 된다.

«1»

When / Where / What / Why / How 떨리는가?

무용은 종합적인 예술영역 특성상 공연이 필수적이다. 무용수들은 무대에 설 때마다 잘해야 된다는 사명감과 그에 따른 기대감, 긴장감을 떨쳐버릴 수 없다. 특히 공연 시작 전에 나타나는 긴장, 초조, 불안은 그 공연을 성공적으로 마칠 수 있느냐 없느냐를 결정하는 매우 중요한 요인이 된다.

모든 대명사들은 하나의 상황에서 동시에 일어난다.

K 무용 콩쿠르에서 콩쿠르 전에 무대 연습을 미리했는데,

when where

연습하다가 너무 오래 신은 토슈즈를 신었더니 넘어졌다.

why what

내 순서가 됐을 때 그 경험이 계속 떠오르며 동작에 대해 겁이 난다.

how

1) 생소한 상황들

공연장은 무대와 객석, 그리고 백스테이지로 구성되어 있는 공간으로 대부분 그 형태나 구조가 비슷비슷하지만, 공연장의 크기, 댄스플로어의 상태, 무대와 객석의 거리, 관객의 수 등은 그때마다 다르다. 쉬운 예로 새 집으로 이사를 간다고 상상해 보자. 이사를 하기 위해서 우리는 새 집에 대한 도면을 살펴보며 크기, 구조, 소음, 준공일자 등을 확인한다. 이러한 확인 작업은 새 집에 대한 문제점을 꼼꼼히 파악하여 불편함을 줄이고 안전하게 생활하기 위함이다.

무용의 경우, 공연장의 규모는 대부분 공개된 정보로 명시되어 있기 때문에 그것을 참고할 수 있고, 또는 별도로 무대 크기를 안내받을 수도 있다. 댄스플로어의 경우도 사용가능 여부를 미리 알아보거나 리허설을 통해 대비할 수 있다. 무엇보다도 충분한 리허설을 통해 이러한 모든 문제들을 최소화 할 수 있다.

> "미끄러운 무대는 내 생의 최대 공포이다."
>
> _아스테어(Astaire)

무용수는 공연 당일의 무대 스페이싱, 동작 마킹, 조명리허설, 음원 체크 등 성공적인 공연결과를 위해서 노력한다. 입시, 공연, 콩쿠르 등에서 음악 재생오류는 항상 대비를 해도 종종 발생하는 긴장 상황 중 하나이다. 최근에는 음원파일을 미리 제출하고 여분의 CD를 따로 준비하는 등 이중으로 대비하기도 한다. 또한 공연장 자체 내에서도 공연중간 입·퇴장 통제, 공연장 내 음식반입 금지, 카메라 촬영 금지 및 휴대폰 전원 끄기, 해설을 통한 관객호응 유도 등 공연 수준을 높이고 무용수들의 긴장을 최소화하기 위한 노력을 기울인다. 무용수의 긴장완화를 위해서는 공연할 무대와 익숙해지는 것이 가장 최상의 방법일 수 있다. 핀란드 국립발레단은 마지막 리허설을 관객 앞에서 시행하기도 한다. 그러나 무엇보다 공연 전날 리허설을 하는 것이 긴장 완화를 위해서는 더욱 효과적이다. 이와 같이 예상되는 여러 상황들의 대처 방법을 미리 상상함으로써 긴장감을 다소 완화시킬 수도 있겠지만, 그럼에도 불구하고 미처 피하지 못하고 발생한 공연의 돌발 상황과 사건의 경험들은 이후의 다른 공연에서 과도한 긴장을 유발하는 원인이 되기도 한다.

생소한 상황에 대한 대비

생소한 상황	대안
공연장의 크기	
공연장의 형태	
댄스플로어의 상태	
무대와 객석의 거리	
관객의 수준	
음악 상태	
조명시설	
거대한 무대세트와 소품들	

예상치 못한 상황에 대한 대비

예상치 못한 상황	대안
공연장에 늦게 도착한 경우	
공연 준비물을 잊은 경우	
리허설을 못한 경우	
스케줄 변동	
갑작스러운 안무 수정	
잘 안 맞는 의상	
그 밖의 경우	

무대에서 실수하지 않으려는 무용수의 심리적인 부담감은 엄청나다. 일단 작품이 시작되면 되돌릴 수 없기 때문이다. 그 부담감과 더불어 잘하려는 욕심이 지나치면 불안과 흥분이 커져 결국 만족스럽지 못한 결과가 나타날 수 있다. 무용수는 긴장의 정도에 따라 과도한 긴장, 저조한 긴장, 적절한 긴장을 경험하게 되며, 과도한 긴장은 불안감을, 저조한 긴장은 흥분감을 초래한다.

"저는 2019년 6월 '지젤'이라는 작품으로 은퇴무대를 가졌어요. 국립발레단 소속 무용수로서 갖는 마지막 공연이라 어느 무대보다 더욱더 긴장되었어요. 공연의 서곡이 시작되자 객석은 기침소리 하나 들리지 않을 정도로 조용했고, 1막 첫 등장에는 설렘과 함께 잠시 긴장상태였지만, 상대 무용수와 극의 흐름이 이어질수록 아주 안정적이면서도 자연스러운 마임과 깊은 연륜이 느껴지는 무대로 공연을 마쳤어요."

_전 국립발레단 주역 무용수

"5년 만에 서는 고국 무대이다. 정말 긴장이 됐다. 불안한 긴장감이 아닌, 기분 좋은 흥분이 뒤섞인 긴장감이라고 할까. 소중한 가족뿐 아니라 선후배 그리고 지금의 제가 있기까지 도움을 주신 여러 선생님들 앞에서 오랜만에 하는 공연이기 때문에 부담감이 컸다."

_마린스키 발레단 주역 무용수

"이번 콩쿠르는 제가 출전하는 부문의 경쟁자들이 10명밖에 되지 않았어요. 그 전 콩쿠르는 100명 정도였는데……. 그래서 오히려 매우 맘이 편안했지만, 콩쿠르 전 연습에서 토슈즈를 너무 많이 신었었는지 업이 잘 되지 않고, 동작 연결이 잘 되지 않아 눈물이 났어요. 하지만 제 순서가 되기 전까지 계속 연습해보고 토슈즈의 상황을 파악해서 실수 없이 콩쿠르를 잘 끝낼 수 있었어요."

_K초등학교 재학생

2) 긴장상태 검증

성공적인 공연과 실패한 공연 관련 내용 중 개인적 요인들과 상황을 적어보자. 그리고 성공적인 공연과 실패한 공연의 원인을 비교분석하여 긍정적, 부정적 요인으로 나누어 정리 요약해보자.

요인	성공적 공연들	실패한 공연들
공연 장소		
작품		
공연 수준		
생각		
감정		
신체 상태		
긍정적인 행동요인		
부정적인 행동요인		

«2»

완벽한 공연을 위한 긴장조절 그램은?

무용수들의 일상은 매일 매일의 연습이다. 특히 직업무용수들은 보통의 회사원처럼 매일 아침 무용단으로 출근하여 공연 준비를 위한 연습을 하며, 무용단 규모에 따라 평균적으로 1년에 10~30회 이상의 공연을 한다. 앞선 사례에서도 나타나듯이 무용수들은 본인과 관객 모두 만족할 수 있는 완벽한 공연을 추구하기 때문에 공연 상황마다 각기 다른 긴장을 경험한다. 어떤 공연은 감당하기 어려운 과도한 긴장을 유발하기도 하고, 반대로 익숙하게 반복되는 공연의 일상은 상대적으로 긴장감이 낮아져 무기력하게 만들기도 한다. 우리는 어떤 경우에 긴장감을 느끼게 될까?

Q 우리는 어떤 경우에 긴장감을 느낄까요? 본인의 상황을 적어보세요.

- 무서움이나 두려움을 느낄 때
- 잘못된 일을 저지를 때
- 무언가를 또는 누군가를 절박하게 기다릴 때
- 생사가 걸려 있을 때
- 상황을 정확하게 파악할 수 없을 때
- 조심스럽게 동작해야 할 때
- 주의집중 해야 할 때
- 무언가 간절히 원하거나 의도한 바가 있을 때
- 결과를 예측하기 어려울 때
- 팽팽한 경쟁을 할 때
-
-
-
-
-

"나는 신경이 무척 예민한 무용수이다. 하지만 나에게는 그런 날카로운 신경이 연기를 위해 필요할 때가 있다. 물론 지나칠 정도로 까다롭지 않은 안이한 상태가 되기도 쉽다. 나는 그러한 양극상태의 중간을 유지함이 매우 이상적이라고 생각한다"

_제니퍼 페니(Jennifer Penney)

"저는 오늘 공연에 지난번 소개팅 했던 남자친구가 보러 온다고 해서 무척 긴장되었어요. 하필이면 공연의 역할이 주연이 아니고 군무진인데…… 다이어트를 하지 못해서 의상도 잘 맞지 않는데…… 얼마 전 무릎 부상으로 연습도 많이 못했는데……"

_K 대학 재학생

공연 전 무대 뒤의 상황은 무용의 특성에 따라 다르며, 각 개인마다 긴장의 정도는 매번 다르게 나타난다. 한국무용은 의상의 특성상 공연 전에 무용수들의 음식섭취가 비교적 자유로운 반면, 발레나 현대무용은 신체의 라인이 그대로 드러나는 의상이 많아 공연 전에는 음식섭취가 매우 제한적이다. 또한 작품 리허설의 경우, 한국무용의 전통부문은 움직임이 크지 않아 호흡에 관련된 연습을 주로 하는 반면 창작 한국무용, 현대무용, 발레, 그 외 모든 무용장르는 움직임이 크고 공간이동이 많은 연습을 하므로 신체적 부상에 대한 긴장을 주의해야 한다. 악기 연주자들 역시 연주 전 긴장으로 인한 경직을 이완시키기 위해 스트레칭과 호흡훈련을 위주로 리허설을 하기도 한다. 연주자와 무용수 모두 외부환경의 변화에 따라 그리고 성격으로 인하

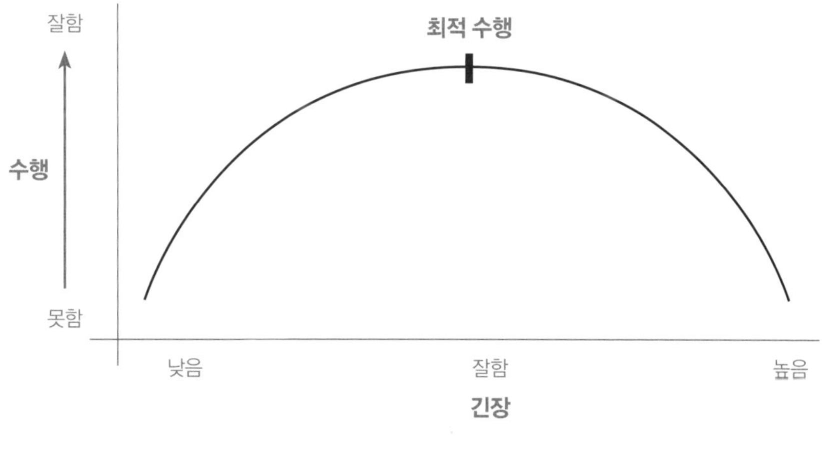

여 긴장감이 가중될 수 있고, 본인의 실력이 안정될수록 긴장도 상대적으로 줄어드는 경향을 보인다. 공연의 성격과 상황을 파악한 공연 전 대처로써 긴장의 정도를 조절할 수 있으며, 돌발 상황에서도 비교적 침착하게 대응할 수 있다.

Q 나는 공연 시 어떠한 긴장상태인가요?

Q 무용을 하면서 어떤 상황에서, 무엇 때문에 긴장하게 되었나요?

1) 적절한 긴장상태 만들기

최적의 긴장상태는 개개인에 따라 다르기 때문에 모든 무용수에게 적합한 수준의 긴장상태란 어느 정도인지 정확하게 말할 수 없다. 어떤 무용수들은 매우 낮은 정도의 긴장상태에서 최선의 공연을 할 수 있고, 어떤 무용수들은 고도의 긴장상태에서 최대한 기량을 발휘하기도 한다.

> "저는 수없이 많은 공연과 콩쿠르에 참가했어요. 긍정적인 결과를 위한 긴장을 유지하기 위해 여러 방법을 시도했던 것 같아요. 공연 전 수면, 금식, 수다, 스트레칭, 최대한 안 움직여서 에너지 아끼기 등등. 제일 잘 맞았던 방법은 충분한 스트레칭과 심상이었어요. 친구들과 너무 떠들고 까불었을 때는 집중이 잘 안 되었던 것 같아요."
>
> _H 대학 재학생

옥센다인(Oxendyne)은 "무용 연기의 복잡성을 감안하여 볼 때 강도가 다양한 신체 활동이므로 이에 따른 적절하고 다양한 수준의 흥분이 요구된다"는 발전된 이론을 제시하였다. 특히 그는 고도로 복잡한 동작을 실행할 때는 최소량의 힘으로 섬세한 움직임의 조절을 해야 하기 때문에 매우 낮은 수준의 흥분이 필요하다고 주장한다. 왜냐하면 그보다 강도가 센 흥분은 섬세한 동작에 필요한 조절을 방해하기 때문이다. 그와 반대로 움직임이 단순하고 큰 동작이나 많은 양의 힘이 필요한 동작은 아드레날린을 증가시킴으로써 에너지를 낼 수 있는 높은 수준의 흥분을 요구한다.

대부분의 무용수는 과도한 긴장감을 우려하지만, 오히려 너무 긴장이 되지 않아 문제가 되는 경우도 있다. 무용수들의 긴장부족 상태는 민첩성이 둔화되거나 역할의 몰입도 저하 및 무표정, 무기력증으로 나타날 수 있다. 이러한 증상이 다른 무용수와 비교될 정도로 지나치게 나타나면 관객에게까지도 그 감정의 상태가 고스란히 전달되며, 무용작품의 전체 완성도에도 영향을 미칠 수 있다는 것을 유념하고 적절한 긴장상태를 유지하도록 노력하여야 한다. 점프나 회전 동작의 연습 등 신체를 생리적으로 활발하게 움직이면 심박 수, 호흡, 혈액순환 등이 증가하여 긴장도를 조절하는 데 도움을 줄 수 있다. 또한, '하기 싫은데……', '집에 가고 싶은데……' 등과 같이 사기를 떨어뜨리는 대화를 서로 하지 않도록 노력하고, 공연에 대한 열정을 높일 수 있는 긍정적인 단어를 많이 사용하는 것도 효과적이다.

Q 긴장감을 완화하고 공연 열정을 높일 수 있는 대화 문장을 만들어볼까요?

"무대에 빨리 섰으면 좋겠다!"

"너 의상 진짜 잘 어울린다!"

"오늘 나는 무대에서 날아보겠어!"

2) 긴장감 다스리기

① 호흡

호흡 조절은 공연 시의 긴장을 조절하기 위한 가장 쉽고 효과적인 방법들 중 하나이다. 극도의 긴장상태에서는 숨 쉬는 횟수가 줄게 되어 산소공급이 원활하지 못하게 되며, 산소가 부족하면 피로가 몸에 누적되고 근육은 더욱 긴장하는 악순환이 반복된다. 무용수가 공연 전 긴장을 느끼거나 혹은 무대의 한 장면을 마치자마자 숨이 찰 때는 의식적으로 호흡을 함으로써 혈액 중 산소의 양을 증가시켜 무용 수행능력을 향상시키는 데 도움을 줄 수 있다. 가슴이 아닌 복식호흡을 하도록 주의하면서, 깊고 천천히 코로 들이마시고 입으로 내쉬는 호흡을 하는 연습을 반복해야 한다. 깊은 호흡은 근육을 이완시키고 심리적으로도 안정을 취할 수 있게 유도한다. 특히 무용수들은 공연 전 불안하고 부정적인 상황에만 주의를 기울여 더욱 긴장하는 경우가 종종 발생하는데, 호흡에 집중하는 방법은 이러한 증상을 다소 완화시킬 수 있다.

Q 무용수에게 효과적인 호흡방법을 한번 알아볼까요?

- 목과 어깨의 근육을 가볍게 풀어준다.
- 아다지오 음악의 8카운트(약 10초)에 1회 정도 속도로 코로 숨을 들이마시고 입으로 내쉰다.
- 숨을 들이마실 때는 복부가 팽창하도록 복식호흡을 해준다. 들숨과 날숨은 4:6 정도로 내쉬는 숨을 조금 더 길게 해준다.
- 숨을 내쉴 때는 입에 힘을 빼고 약간 오므리면서, 복부를 완전하게 끌어당겨주는 것이 효과적이다.
- 편안한 상태의 차렷 자세에서 시작하여, 머리부터 천천히 힘을 빼고 내려가고 올라오는 롤-다운/업(roll-down/up) 동작을 병행하는 것도 좋다.

② 근육 이완하기

공연 전 긴장을 느끼게 되면, 근육이 수축하여 동작의 연결이 어색하고 신체가 제대로 협응하지 못하기 때문에 무용공연 수행능력이 저하될 수 있다. 근육을 이완

하며 심리적인 안정을 찾는 몇 가지 방법을 알아보자.

바이오피드백

바이오피드백은 인체의 생리적 반응들 즉 심박수, 호흡수, 뇌파, 체온, 근육의 활동 정도(근전도), 심장의 활동 정도(심전도), 피부전기 저항 등을 측정할 수 있는 감지 장치를 이용하여 인체의 자율신경계 반응을 조절하는 방법이다. 따라서 감지장치로부터 현재 자신의 긴장과 각성을 보여주는 생리반응의 정도를 확인함으로써 이를 조절할 수 있는 능력을 터득하도록 하는 것이다.

점진적 이완 기법

점진적 이완 기법은 신체의 근육 군을 최대로 수축시키고 이완시킨다는 것을 스스로가 지각하도록 하는 훈련으로, 근육의 긴장과 이완상태를 의식적으로 반복하는 기법이다.

체계적 둔감화 기법

체계적 둔감화 기법은 올페(J. Wolpe)에 의해 개발된 것으로 특정 자극에 대해 점진적으로 둔감하게 만드는 기법이다. 각 긴장 상황을 중요한 정도에 따라 약 10가지 장면으로 설정한 다음, 각 장면의 상황에 대해 각각 약 10~15초 정도 상상하도록 한다. 이 상태에서 긴장이 더 이상 느껴지지 않을 때까지 점진적 이완 기법을 사용한다. 이렇게 체계적으로 긴장 상황을 설정하여 그 상태가 무감각해지도록 하는 훈련방법이다.

③ 명상 및 음악 감상

명상은 차분한 분위기를 유지하며 마음을 안정시키는 데에 도움을 준다. 긴장하는 가장 큰 원인은 결과에 대한 걱정이며, 눈을 감고 평온한 생각을 하면서 부정적인 생각을 버리려고 노력하다 보면 몸과 마음의 안정을 찾을 수 있게 된다. 또한 잔잔한 음악은 집중력을 높이고 마음을 편안하게 만들어 준다. 정통 클래식이나 전자음이 배제된 어쿠스틱(acoustic) 음악을 들으면 긴장이 완화되었던 경험은 누구나 한 번쯤 있을 것이다. 더 나아가 요즘에는 집중이나 릴렉스 등 신체가 특정한 상태에 접어들었을 때의 뇌파와 동일한 파동을 더빙(dubbing)하여 원하는 상황의 뇌파를 의도적으로 유도하는 서브리미널 뮤직(subliminal music)과 같은 특수음악도 음악공유 사이트를 통해 쉽게 접할 수 있다.

④ 스마일 : 미소 짓기

60초간 의식적인 미소를 한 번 지어보는 것만으로도 놀라운 변화를 느낄 수 있을 것이다. 이 방법은 매우 쉽고 간단하지만 다소 어색할 수 있다. 긴장되는 상황에 직면했을 때 의식적으로 양쪽 입꼬리를 올리고 활짝 웃는 표정을 유지해보자. 30초쯤 지날 무렵부터 긴장이 완화되는 느낌을 받을 수 있을 것이다. 내 몸은 미소 표정을 짓는 순간의 감정을 이미 저장하고 있기 때문이다. 기쁘거나 좋을 때, 재미있을 때, 행복할 때 우리는 미소 짓는다. 그 기억이 뇌의 혈류를 변화시키고 이완효과를 가진 신경물질을 내보내 긴장의 상황에서 안정된 마음가짐으로 되돌리는 것이다. 반대의 예로, 미소 짓고 화낼 수 없는 것을 생각하면 이 방법에 쉽게 수긍할 수 있을 것이다. 또한 미소 짓는 표정은 무대 위에서도 무용수로서의 나를 더욱 빛나게 해줄 것이다.

긴장완화 준비 프로파일링 : 공연 전 일과의 개발

공연 전 일과는 두 번, 세 번 빈틈없이 점검해야 한다. 개개인의 특성과 공연의 주제에 따라 다르지만 공통적으로 영향을 주는 요소들이 있기 때문에 그것들을 고려하여 일과를 정하게 된다.

식사

몸풀기 운동

역할 준비 운동

정신적 준비

의상과 소품

Warming-up

테크닉 연습

분장

음악

Mind Control

긴장완화 프로파일링 : 공연 전 나의 일과 체크리스트

작성법 : 최선의 공연을 준비하는 데 도움이 될 활동, 생각, 느낌 그리고 심상들을 모두 적어본다.

이른 아침	신체 상태 :	정신 상태 :
정오	신체 상태 :	정신 상태 :

최종 준비	의상/분장 :	신체 상태 :	정신 상태 :

Check yourself

긴장이란 무엇인가요?

적당한 긴장감은 왜 중요할까요?

당신의 긍정적 긴장도는
어떠한가요?

긴장에 영향을 미치는 요인은
무엇인가요?

적절한 긴장상태를 유지하기 위한
방법은 무엇인가요?

참고문헌

김정수, 황규자 역(2013). 무용 심리학. 서울: 금광.

김한미(2012). 긴장의 교육학적 해석. 교육인류학연구, 15(1), 163-185.

김효정(2006). 무용수의 성격유형에 따른 공연 전 긴장 및 대처방식에 대한 연구. 미간행 석사학위논문. 한양대학교 대학원.

양소영(2009). 피아노 연주자의 불안과 긴장완화에 대한 연구. 미간행 석사학위논문. 원광대학교 교육대학원.

유사장(2018). 피아노 무대 연주에서의 불안과 긴장을 해소방법 연구. 미간행 석사학위논문. 상명대학교 대학원.

임지룡(2001). '두려움'의 개념화 양상. 한글학회지, 252, 109-143.

[체육포털] 긴장완화호흡. https://www.sportal.or.kr/m/movie/learningView.do?pageIndex-=1&boardSeq=0000066568&-searchCategoryCd2=&searchKeyword=

[듀오 정보] 긴장해소방법. http://duoepisode.com/221396843711

[네이버 지식백과] 자신감. https://terms.naver.com/entry.nhn?docId=633400&cid=42879&-categoryId=42879

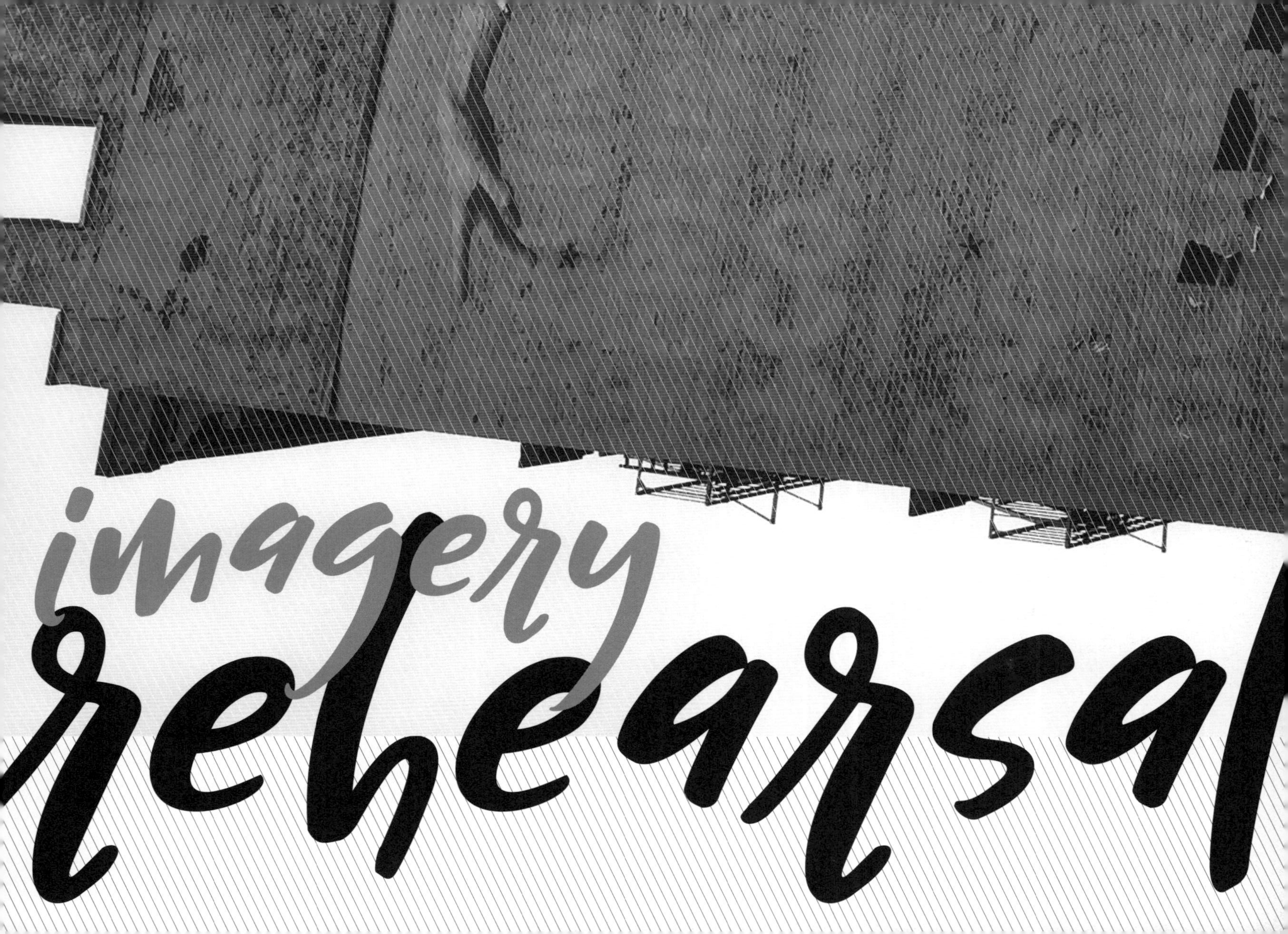

imagery rehearsal

#5

무용 심상

상상만으로 무용 훈련하기

What is Imagery Rehearsal?

"나는 머릿속 상상으로 춤을 추곤 해…… 무언가 새로운 이미지를 상상하는 것을 좋아하거든. 다섯 걸음씩 걷는 말, 평원을 달리는 기린, 또는 길게 늘어나는 고무밴드 같은 것들을 떠올려서 그러한 이미지들이 내 몸을 통해 표출되도록 하는 것이지."

_ 엘펠트(Ellfeldt, 1976)

축구선수인 골키퍼 조현우는 2018 러시아 월드컵 이전까지 무명선수에 가까웠다. 러시아 월드컵 당시 세르비아전에서 조현우 선수가 골키퍼로 나서자 대부분의 여론은 그의 실력을 반신반의하는 분위기였다. 그러나 얼마 지나지 않아 그는 대한민국 수문장으로서의 역할을 톡톡히 해내며 일약 스타선수로 급부상하였고, 그의 신들린 듯한 선방기법에 세계적인 관심이 쏠렸다. 조현우는 여러 방송매체 등을 통하여 자신의 선방기법은 바로 '상상하기'라고 밝혔다.

"항상 예측과 준비가 필요합니다. '내가 이렇게 움직인다면, 저쪽 방향에서 날아오는 그 골을 막을 수 있을 것이다'라는 생각으로 구체적이고 다양한 가능성을 열어두고 상상합니다."

스스로의 마음속에 그려지는 감각적인 모습이나 느낌을 구체화하는 적극적 상상이 바로 심상(心象)이다. 심상은 선천적으로 타고나는 것이 아닌 훈련을 통해 향상되는 하나의 기술이며, 잘 훈련된 무용 심상은 전략적인 연습, 신체 교정, 공연력 향상 등에 효과적이다.

«1»

누워서 떡 먹기? 누워서 점프하기!

세상에서 가장 쉬운 일을 가리켜 흔히 '누워서 떡 먹기'라고 빗대어 표현한다. 반면, 오로지 상상으로만 춤을 추는 '누워서 점프하기'는 매우 체계적이고 지속적인 훈련을 필요로 한다. 음악에 맞춰 땀 흘려 열심히 춤을 추다가 눈을 번쩍 뜨는 순간 연습실 매트 위에 누워 있는 황홀한 연습! 상상만으로 무용을 훈련하는 무용 심상의 원리를 알아보자.

1) 상상원리 파악하기

아래의 QR 코드를 휴대폰으로 스캔하고, 그림에서 보이는 정보들을 최대한 자신의 기억 속에 저장해볼까요?

● 심상의 1단계 : 외형적 기억을 떠올려 이미지를 상상해보자.

Q 무엇을 보았나요?

Q 가장 기억에 남는 것은 무엇인가요?

외형적 기억(외적심상)은 그림의 전반적인 이미지를 기억하는 수준의 상상을 이끌어낸다.

심상의 관점 (Imagery Perspective)

무용 심상이란 공연의 ①기술적 측면(회전 또는 도약 등) ②심리적(자신감 또는 동기 등) ③생리적(긴장 등) 측면의 향상 또는 개선을 위해 구체적이고 반복적으로 상상하는 것이다. 무용 심상을 가장 유용하게 활용하기 위해서 체계적인 단계를 구성하여 실행하여야 한다. 무용 심상은 기본적으로 내적관점과 외적관점으로 나눌 수 있다. 내적관점은 자신이 실제로 공연을 하는 것처럼 스스로의 공연을 상상하여 보는 것이고, 외적관점은 공연을 보는 것과 같이 상상하는 것으로서 상상의 주체가 춤을 추는 자신이 아닌 다른 제3자의 공연을 관람하듯 상상하는 것이다.

- 심상의 2단계 : 이번에는 심상의 선명도와 조절력을 높여보자.

Q 어떤 색상이 눈에 띄었나요?

Q 그림 속의 인물은 몇 명이었나요?

- 심상의 3단계 : 한 발 더 나아가 본질적인 구조와 형태의 상상을 통해서 어디까지 기억할 수 있는지 살펴보자.

Q 벽에 기둥이 몇 개 있었나요?

Q 강아지를 보았나요? 어디에 있었나요?

이러한 질문에 대답하기 위해서는 이미지를 머릿속에 생생하게 다시 떠올리기 위한 노력이 필요하다.

의식하지 않아도 떠오르고, 기억하지 못한 부분까지 의식적으로 집중해나가는 것, 이것이 바로 심상의 기법 중 하나인 '시각화'를 위한 훈련이다.

2) 상상의 구체화

QR 코드 그림에서 새로운 것을 상상해보자.

Q 그 공간에서는 어떤 음악이 나오고 있을까요? 누가 떠들고 있지는 않나요?

Q 지팡이를 짚고 있는 분은 누구일까요? 어디가 아프신 걸까요?

Q 좌측 앞에 등을 긁고 있는 소녀는 어떤 표정을 짓고 있을까요?

전체 공연 상상하기 (Imagining Total Performance)

심상이란 단지 눈을 감고 '보는 것'에만 관련이 있다는 잘못된 개념을 갖지 않도록 주의해야 한다. 특히 무용 심상은 생리적, 심리적 경험을 포함한 공연의 모든 면을 고려하여 생각을 다시 시작하는 기법이 중요하므로 단지 시각화하는 것에만 초점을 맞추는 것이 아니라, 실제로 춤을 출 때 일어나는 무수한 경우를 바탕으로 상상훈련을 해야 한다.

머릿속에 장면이나 공간을 계속 띄워놓고 내가 그곳에서 실제로 행동을 하고 있는 것만 같이 선명하게 떠올리는 것, 이것이 상상의 구체화이다.

무용 심상의 구체화는 크게 다섯 가지 구성요소로 나눌 수 있다. 첫째, 시각적인(visual) 구성 요소는 무용수들이 공연이나 연습 중에 보게 되는 모든 것으로, 무대나 연습실 주변, 소도구, 동료 무용수 등이 이에 해당된다. 무용수가 자신의 연습실을 머릿속에 떠올리는 것은 비교적 수월한 반면, 공연장과 같은 낯선 곳을 시각화하는 것은 쉽지 않다. 따라서 자신이 가장 익숙한 무용 공간을 바탕으로 시각화 훈련을 하는 것이 효과적이다. 둘째, 청각적(auditory) 구성 요소는 음악이나 무대 뒤 신호를 포함해서 무용수들이 공연이나 연습 중에 귀로 듣는 모든 것들이다. 무용은 시작과

끝을 음악과 함께하는 만큼 청각적 요소가 매우 중요한 역할을 한다. 음악의 볼륨이나 효과음, 또는 음악 외의 주변 사람(지도자나 파트너, 동료 등)의 목소리 또한 심상훈련에 활용할 수 있다. 셋째, 운동감각적(kinesthetic) 구성 요소에는 근육지각(muscular sensations), 심박(heartbeat), 호흡(breathing)이 포함되며, 특히 무용을 수행할 때 큰 변수로 작용하는 요소인 만큼 평소 연습이나 공연 중에 나타나는 자신의 신체 변화에 대하여 예민한 관찰이 필요하다. 넷째, 사고적(thinking) 구성 요소는 공연 중에 발생하는 생각이나 이미지(images)들이 해당된다. 맡은 역할을 수행하는 중에도 현장 분위기, 파트너와의 호흡, 실수 등과 같이 춤을 출 때 일어날 수 있는 상황들을 이성적으로 바라보고 판단할 수 있어야 한다. 마지막으로 정서적(emotional) 요소는 흥분(excitement), 초조(frustration), 기쁨(joy), 그리고 공포(fear)와 같은 감정을 포함한다. 작품에 몰입하는 정도나 표현의 강도 등도 정서적 심상으로부터 발현된다. 대회나 입시를 앞두고 심리적 긴장을 이기지 못해 제 실력을 발휘하지 못하는 경우가 종종 나타나기도 하므로, 어린 시절부터 무용 심상의 체계적인 훈련은 무용수의 심신 안정에도 도움이 될 것이다.

«2»
무용연습, 움직이지 않고 가만히 눈을 감고 할 수 있다

심상의 기술을 잘 활용하면 몸을 움직이지 않고도 상상만으로 무용연습을 할 수 있다. 수업에서 지적받았던 무용동작을 다시 연습할 수도 있고, 침대에 누워서 작품연습을 할 수도, 혼자서 군무를 연습할 수도 있다. 과연 정말 이것이 가능할까?

누워서 무용연습을 한다고?

무용의 기본기는 오랜 시간 반복을 통해 몸에 배어 있는 습관과도 같은 것으로서 한순간에 만들어지는 것이 아니며 또한, 쉽게 고치기 어렵다. 매일매일 일상처럼 반복되는 강도 높은 신체훈련에 지친 무용수들에게 있어 누워서 할 수 있는 연습이란, 말로만 들어도 달콤하다. 무용 심상은 무용수들의 체력적 한계를 초월한 다차원적 훈련을 경험하게 함으로써 정확하고 안정적인 기본기 완성에 도움을 줄 수 있다.

무용수는 효율적인 연습을 위하여 자신만의 방법으로 루틴을 만들어낸다. 무용을 연습하는 심상기술 역시 시행착오와 반복훈련을 통해 만들어지는 것으로, 실제 무용을 하는 것과 같이 자신에게 집중하고 적극적으로 상상해야 한다. 무용연습 심상의 과정에는 동작의 순서를 떠올리는 것뿐 아니라, 자신의 신체 컨디션이나 움직임 습관 등 세세한 부분까지 감각을 살려 느끼고, 떠올리고, 스스로 지적할 수 있어야 한다. 고도의 집중력과 끈기를 필요로 하는 훈련의 과정이 비록 쉽지 않겠지만 자신만의 완성된 심상은 훌륭한 무용수로 도약할 수 있는 날개가 되어줄 것이다. 골프선수 잭 니클라우스나 높이뛰기 선수 딕 포스베리, 한국의 유도 선수 이원희, 역도 선수 장미란, 피겨스케이트 선수 김연아, 축구 선수 조현우 등 세계 최고의 명성을 얻은 많은 운동선수들 역시 자신만의 심상기법을 갖고 있지 않은가!

심상이 떠오르지 않거나 희미하고 분명하지 못하다고 말하는 무용수도 종종 있다. 뚜렷한 심상을 떠올리기 어려운 이유는 심상화 기술이 숙련되지 않았거나 작품 안에 내재된 이미지에 익숙하지 않기 때문이다. 맨발로 바닷가를 걸을 때 느껴지는 모래의 감촉, 바람에 흩날리는 머리카락, 설레는 마음 등과 같은 일상과 익숙한 장면들은 생생하게 그릴 수 있는 반면, 공연 시 2회전하는 자신의 모습은 잘 그려내지 못하는 경우가 그 예이다. 간단한 테스트를 통해 무용수들의 심상화 기술이나 작품 이미지의 친밀도를 체크해볼 수 있다. 먼저 딸기와 같이 일상에서 친숙한 사물을 상상해보자.

Q 딸기는 어떻게 생겼나요?

Q 딸기를 먹을 때 어떤 기분이 드나요?

Q 냄새는 어떤가요?

Q 깨무는 순간 어떤 느낌이 드나요?

Q 꼭꼭 씹을 때는 어떤 것들이 느껴지나요?

연습이 필요한 동작을 아래의 빈칸 [ ]에 적고 자신이 그 동작을 수행하고 있는 모습을 상상해보자.

Q [ ] 동작은 어떻게 움직이나요?

Q [ ] 동작을 하기 직전에 어떤 기분이 드나요?

Q [ ] 동작은 어떤 것이 가장 어려운가요?

Q 무대에서 [ ] 동작을 실수하는 순간 어떤 생각이 떠오르나요?

Q 무대에서 [ ] 동작을 실수 없이 마무리하는 순간 어떤 느낌이 드나요?

이와 같은 방법으로 무대 위에서 작품 속의 역할을 연기하는 자신의 모습을 상상해보자. 딸기를 상상하는 것에서부터 동작연습, 무대 위까지 심상의 생생함이 점차 감소된다면, 심상화의 기술은 충분하지만 그 기술을 무용에 적용시키는 훈련이 아직 부족한 것이다. 자신이 춤추는 것을 한 번도 보지 못한 경우 스스로 공연하는 모습을 상상하는 것에 어려움을 느낄 수도 있다. 자신의 움직임을 영상으로 검토하는 방법은 무용테크닉 기법이나 표정, 감정 등을 비디오 이미지로 내면화할 수 있다.

수업이나 리허설 중 최근에 촬영한 영상을 상상하는 시간을 갖는 것도 심상기법을 향상시키는 데 도움이 된다. 몸과 마음 속에 동작의 테크닉과 느낌이 아직 남아 있을 때 이미지를 저장함으로써 더욱 생생한 기억으로 떠올릴 수 있기 때문이다. 그러나 위의 테스트에서 전혀 상상하지 못했다면 기본적인 심상화 기술부터 익힐 필요가 있다. 매일 심상의 한 가지 요소, 예를 들어 시각, 청각, 또는 운동지각의 요소 등을 떠올릴 만한 친숙한 사물을 선택하고 스스로에게 위와 같은 질문들을 던진다. 이 과정을 꾸준히 반복하다 보면 시간이 흐름에 따라 각각의 구성 요소들이 점점 더 분명하게 그려질 것이다. 이것을 무용 심상으로까지 발전시키기 위해서는 무용실과 같이 무용수가 익숙한 상황을 바탕으로 상상하는 것이 효과적이다. 심상이 차츰 선명해지는 것을 느끼면 낯선 상황이나 복잡한 상황에 대한 이미지화를 시도해보도록 한다. 심상화 기술은 지속적인 반복 훈련을 통해 충분히 개선될 수 있다.

심상화 기법을 무용연습에 효과적으로 적용하기 위해서는 자신이 어떻게 춤을 추고 있는지 다각적으로 인지하는 단계부터 자유롭게 상상하는 단계까지 훈련해야 한다. 먼저, 앞서 배운 다섯 가지 심상의 구체화 요소에 대한 본인만의 이미지를 스케치하고 그것을 바탕으로 공감각 기법에 이르는 단계를 구상한다. 이를 생생하게 기억해내는 생동감 넘치는 심상(vivid imagery)을 통한 무용연습 방법을 알아보자.

무용연습 심상의 단계별 프로파일링 : 1단계

Q "나만의 무용연습 심상을 한번 스케치 해볼까요?"

나의 무용(작품이나 공연, 동작연습 등 중 자유롭게 선택)에 대하여 스스로 얼마나 인지하고 있는지 알아볼까요? 무용 심상을 떠올릴 만한 각각의 요소를 최대한 구체적이고 다양하게 적어보세요.

시각적(visual) 구성요소

청각적(auditory) 구성요소

운동감각적(kinesthetic) 구성요소

사고적(thinking) 구성요소

정서적(emotional) 구성요소

공감각적 심상

공감각이란 어떤 한 감각의 자극에 의해 다른 영역의 감각이 동시에 활성화되는 전이현상을 말하는 것으로, 본래는 시각·청각·미각·후각·촉각 등 오감 영역이 서로 그 경계를 넘나드는 현상을 말한다. 무용 심상 훈련에서도 시각, 청각, 운동감각, 사고, 정서 등 다섯 가지 심상 구체화 요소를 두 개 이상 동시에 사용하는 공감각 기법을 적극적으로 활용해보자.

예를 들면, 음악의 특정 악센트 부분에서 발바닥을 힘차게 딛고 뛰어오르는 순간의 상상(청각적 심상+운동감각적 심상)이나, 무너진 토슈즈를 신고도 가벼운 깃털과도 같은 모습으로 작품의 감정표현에 더욱 몰입(사고적 심상+정서적 심상)하는 경우 등이다.

무용연습 심상의 단계별 프로파일링 : 2단계

Q 다섯 가지 심상의 요소에 공감각 기법을 적용하여 더욱 구체화시켜볼까요?

두 가지 이상의 요소를 결합한 공감각적 심상으로 확대하여, 그 무용을 하는 동안 나의 움직임과 신체 변화, 생각, 느낌 등을 좀 더 자세하게 적어보세요.

공감각적 심상

무용연습 심상의 단계별 프로파일링 : 3단계

Q 실제로 춤을 추는 것만 같은 생동감 넘치는 심상을 만들어볼까요?

퍼즐 조각처럼 흩어져 있는 모든 상상들을 시간의 순서에 따라 빠짐없이 나열해보고, 눈을 감고 생생하게 떠올려보세요.

« 3 »

신체 정렬(Body Alignment)을 바로잡는 상상

지구상에 존재하는 영장류 중 유일하게 직립보행을 하는 인간은 신체 중 가장 말단의 좁은 면(발바닥)으로 가장 긴 길이(키)가 누르는 중력(몸무게)을 늘 지탱하고 있다. 인간의 신체는 수십 개의 관절과 근육으로 얽혀 있는 동시에 지구가 끌어당기는 어마어마한 힘에 의해 하중이 계속 짓눌리고 있다. 특히 무용수는 작품의 구성상 한쪽 방향으로만 사용하는 경우가 빈번하고 또한 발바닥 전체가 아닌 일부분, 심지어는 발끝만으로 신체를 지탱하여 중력에 저항하며 움직인다. 무용수는 이렇게 발생하는 신체적 과부하를 회복하기 위해 마사지를 받거나 도수치료, 스트레칭 등 다양한 방법의 물리적 도움을 찾는다. 그렇다면 무용 심상을 통해 신체를 안정화시켜보는 것은 어떨까? 스스로 바른 정렬의 몸으로 되돌리는 방법을 알아보자.

무용수의 바른 신체정렬을 위해서는 중력과 관절의 가동범위, 테크닉의 주동근, 동작수행의 방향성 등을 고려하는 것이 중요하다. 중력은 지구상에 존재하는 모든 것에 작용하는 힘으로, 무용수는 중력의 이용과 저항을 적절하게 사용할 수 있어야 한다. 중력의 힘과 더불어 관절의 가동범위를 최대화하여 다리를 턴-아웃하여 그랑

무용수에게 바른 신체 정렬은 왜 필요할까?

무용수는 일반인들이 쉽게 따라 하기 어려운 테크닉을 수행해야 한다. 테크닉의 완성을 위하여 같은 동작을 수없이 반복하는 과정에서 신체 일부에 무리를 주거나 비대칭을 유발할 수 있고, 더 나아가서는 부상으로 이어지기도 한다. 무용 심상을 통해 신체의 바른 정렬을 상상함으로써 무용동작이나 자세를 교정하고, 부상회복을 위한 재활에도 유용하게 활용될 수 있다.

바뜨망을 하거나 도약 주동근을 사용하여 뒤로 돌며 턴-립 뛰기, 한쪽 방향으로만 연풍대 연속돌기 등을 유기적으로 수행해야 하기 때문이다.

무용수의 신체 정렬 심상을 위한 네 가지 체크포인트

① 중력
② 관절의 가동범위
③ 테크닉의 주동근
④ 동작수행의 좌·우 방향성

1) 중력

지구 중심에는 지구상의 모든 물체를 끌어당기는 힘이 존재한다. 땅에 발을 딛고 서는 것, 길 위를 걷는 것을 비롯하여 건물이 서 있고 자전거가 굴러가는 것 등 너무나 당연한 일상들 모두 중력으로부터 비롯된다. 무용수는 잘 서고 잘 걷는 것뿐 아니라 오래 버티기(밸런스 동작), 회전 등 중력으로부터 비롯되는 수많은 작용을 테크닉으로 승화시켜야 한다. 한 다리로 회전하는 동작의 경우를 예로 들면, 신체중심이 중력의 수직선상 바깥으로 떨어지지 않도록 그 위에 잘 버티고 서 있는 것이 중요하다. 단 1도의 신체중심 변화에도 무용테크닉의 성패가 달라진다는 연구결과들을 미루어 볼 때, 중력은 무용수의 기량 향상에 매우 중요할 뿐만 아니라 신체정렬에 가장 큰 영향을 미치는 근본적인 힘이다.

중력 상상하기

중력을 상상하기 위해서는 Newton's Laws of Motion, 즉 뉴턴의 세 가지 운동법칙을 고려해야 한다. 관성·가속도·반작용에 해당하는 뉴턴의 운동법칙 세 가지는 모두 힘의 강도와 더불어 자신의 신체질량에 의존하기 때문이다. 대형 타이어의 중량이나 번지점프 시 아래로 향하는 속도감, 발바닥의 통증과 같은 무게나 넓이와 관련된 감각 등을 활용해야 한다.

2) 관절의 가동 범위

무용수의 신체는 일반인의 관절 가동 범위에서 더욱 확장되어 있으며, 관절의 모양과 운동 축의 이용은 무용의 테크닉과 직결된다. 관절 가동 범위의 제한은 강직, 약증, 경련, 수축 등에 의해 일어날 수 있는데, 동일한 관절이라도 선천적인 형태나 유연성 등에 따라 개인차가 나타나며, 같은 굴곡 범위라도 무용수가 사용하는 가동 범위는 일반인과 다르다. 예를 들어 일반인의 고관절의 굴곡 범위는 0~90°, 슬관절의 굴곡 운동 범위는 0~130°인 반면, 잘 훈련된 무용수는 고관절의 굴곡 범위가 160°를 넘어가고, 슬관절의 경우도 마이너스 각도에 해당하는 과신전을 이루는 경우도 많다. 상당수의 근육은 두 개의 관절을 지나도록 이루어져 있기 때문에, 관절 굴곡 시 근육을 수축·이완시키는 유연성과 근력에 의해 관절의 가동 범위도 변화된다. 관절의 가동 범위가 클수록 무용의 테크닉이 다양해지기 때문에 무용수는 관절의 가동성 확대를 위한 훈련을 지속할 수밖에 없다. 따라서 무용의 실기연습 이후에는 심상을 통한 교정과 휴식 등의 적절한 후속 조치를 취해야 한다.

관절의 가동 범위 상상하기

관절의 가동 범위를 상상하기 위해서는 Imagining the Mechanical Advantage, 즉 역학적 이점의 심상화가 필요하다. 관절을 움직이는 순간에 확대되는 힘의 작용을 상상하면, 가동 범위의 효율성을 향상시킬 수 있다. 시소나 그네 타기, 급정거하는 자동차, 진자운동을 하는 시계추와 같이 움직임의 신체변화를 적극적으로 느낄 수 있는 대상을 찾아 적용시켜야 한다.

3) 무용 테크닉의 주동근

주동근이란 한 관절의 각도를 변화시킬 때 가장 직접적으로 작용하는 근육이다. 근육의 대장이라고 비유할 수 있을 만큼, 특정한 움직임을 만들어내기 위해 사용되는 근육들 중에서 가장 큰 힘을 발휘한다. 예를 들어 발레의 턴-아웃(turn-out)이란 고관절의 외회전이다. 이 동작은 6개의 대퇴심부근육인 이상근(piriformis), 윗쌍둥이근(superior gmellus), 아랫쌍둥이근(inferior gemellus), 대퇴방형근(ouadratus femoris), 내폐쇄근(internal obturator), 외폐쇄근(external obturator)을 사용하지만, 턴-아웃을 유지하기 위해서는 엉덩이에 해당하는 둔부근육(gluteus)의 힘이 필요하다. 관절의 가동 범위 확장을 위해서는 유연성과 더불어 춤을 추는 동안 동작을 올바르게 유지시켜주는 근육 또한 중요하기 때문이다.

무용 테크닉의 주동근 상상하기

테크닉을 수행하는 주동근을 상상하기 위해서는 Feel the Imagery, 즉 심상 느끼기를 훈련해야 한다. 심상에서의 느낌을 증대시키기 위해서는 상상의 감각을 실제 감각과 결합시키는 것이 중요하다. 배탈이 났을 때 괄약근을 조이는 힘, 복부를 가격 당할 때 순간적으로 명치를 모으는 힘, 점프를 착지할 때 무릎에 전달되는 통증 등과 같이 특정한 상황에 따른 감각의 변화에 중점을 두고 구체적인 상황을 연상해야 한다.

4) 동작수행의 좌·우 방향성

무용 테크닉은 대부분 좌 · 우 방향성을 가지고 있다. 회전동작의 경우 양쪽을 고르게 훈련하는 것이 원칙이지만, 무용수에 따라 선호하는 방향이나 습관에 의해 비교적 더 안정적인 한쪽 방향을 사용한다. 무대 위에서 보다 더 뛰어난 기량을 위해 무용수들이 선택하는 보편적인 방법으로, 가장 화려한 발레 테크닉 중 하나인 32회전 훼떼(fouetté)나 한국무용의 연풍대와 같은 동작의 경우가 특히 그렇다. 한쪽 방향을 선택하는 이유는 동작의 성공율을 높이기 위해서이며 무대에서 실수를 최소화하기 위한 최선의 선택이다. 즉 동작의 난이도가 높거나 체력적 소모가 큰 동작일수록 한쪽만 사용하려는 경향을 보인다. 따라서 무용 연습이나 훈련 이후에 신체를 재정렬하는 시간을 갖는 것은 무용수에게 가장 중요한 신체라는 도구를 최상의 상태로 유지하기 위함이다.

동작수행의 방향성 상상하기

동작수행의 방향성을 상상하기 위해서는 Adjust Imagery Speed, 즉 전신에 대한 심상 속도를 조절해야 한다. 느리게 상상하는 것은 움직임에 더욱 집중하게 하여 완성도를 높일 수 있으므로 익숙하지 않은 반대 방향을 상상할 때 적용하면 좋다. 이때 신체 전신에 느껴지는 힘을 구체적이고 단계적으로 뚜렷하게 떠올려야 한다. 점차 심상의 속도를 가속화함으로써 동작의 편향성을 바로잡아 내면화되어 있는 무용의 습관이나 예술성에 대한 의지를 증가시킬 수 있다.

Q 나의 몸은 바른 자세일까요?

– 바르게 누워 있나요?

바닥에 누워 있는 내 몸을 다림질한다고 상상해보아요.

– 고개가 똑바로 되어 있나요?

내 콧날이 12시 정각을 가리키고 있다고 상상해보아요.

– 골반, 어깨의 관절 각도가 대칭인가요?

몸을 책처럼 반으로 접었다가 펼친다고 상상해보아요.

– 서 있는 양 발의 무게가 동일한가요?

찰흙 위에 양 발자국을 똑같은 힘으로 찍는다고 상상해보아요.

– 옆으로 들고 있는 다리의 무게가 어떠한가요?

지탱하고 서 있는 다리의 발바닥 무게도 함께 상상해보아요.

– 턴-아웃을 위해 어느 근육을 사용하나요?

골반 앞쪽을 고무줄처럼 늘려보는 상상을 해보아요.

– 반대로 회전 시 축이 기울어지지는 않았나요?

영원히 멈추지 않는 팽이가 되었다고 상상해보아요.

– 착지 시 무릎을 충분히 사용했나요?

깃털처럼 내려앉는 상상을 해보아요.

바디 얼라인먼트의 심상 프로파일링

Q 신체를 바르게 하는 나만의 심상을 만들어볼까요?

나에게 꼭 필요한 바른 몸 상상을 해보세요. 중력과 관절의 가동 범위, 무용 테크닉의 주동근, 동작수행의 좌·우 방향성 등을 고려해 상상을 이끌어낼 수 있는 나만의 구체적인 질문과 방법을 찾아보세요.

중력 조절이 필요한 동작의 심상

Q.

A.

내 몸의 가동 범위를 확장시키는 심상

Q.

A.

동작에 필요한 주동근을 느껴보는 심상

Q.

A.

좌·우 방향성의 균형을 맞추는 심상

Q.

A.

«4»

미리 만나는 그랑프리의 나

무용공연의 예술적 가치는 미디어 무용과는 사뭇 다른 차원으로 무엇보다 실수를 최소화하는 것이 현장성의 가치를 위해 중요하다. 녹화되는 공연은 편집과 재시도가 가능한 반면에 무대 공연은 그 시간, 그 공간의 관객에게 공개되는 단 한 번의 기회만이 주어지기 때문이다. 공연 시 무용수가 긴장감을 완화시키고 기량을 최대한 발휘하기 위해서는 호흡 및 감각을 비롯한 신체적 과정에 대한 인식의 통합을 경험하는 것이 도움이 된다. 수많은 관객 앞에서의 공연 수행은 연습 때와는 또 다른 긴장감을 유발하고, 예기치 못한 상황은 무용수의 집중력을 한순간에 무너뜨릴 수도 있다. 따라서 완벽한 무대를 위해서는 안정적인 테크닉과 더불어 어떠한 상황에서도 흐트러지지 않는 고도의 집중력과 담대함을 겸비할 수 있는 심리적 훈련이 함께 이루어져야 한다.

무용을 시작한 이후 첫 콩쿠르의 기억을 한번 더듬어보자. 이제까지 한 번도 경험해보지 못했던 그날의 낯선 두근거림이 어렴풋이 떠오를 것이다. 물론 무용 경력이 어느 정도 누적된 지금 역시도 공연 상황에서는 일정 수준 이상의 긴장감을 느끼게 되지만, 그것은 공연을 경험하는 시간과 비례하여 차츰 감소하며 안정화되어 간다. 무대 위에서 긴장을 하는 가장 큰 이유 중 하나는 실내 온도나 바닥 상태, 조명 밝기, 볼륨 등 연습 때와는 다른 환경에서 어떠한 돌발 상황이 생길지 예측하기 어렵기 때문이다. 이러한 다양한 변수들에 대한 경험 누적은 유연한 대처를 위한 자신만의 노하우를 만들어내며, 실전 경험이 많을수록 공연 수행능력이 높게 나타나는 것도 이러한 이유이다. 따라서 연습실을 벗어나 무대, 즉 공연이나 콩쿠르 등을 경험하는 기회는 훌륭한 무용수로 성장하기 위해 꼭 필요한 과정 중 하나이다.

무용 심상을 통한 공연연습은 연습실 대관 일정을 맞추거나 참가신청을 해야 하는 등의 번거로움 없이도 언제 어디서나 반복적인 무대 경험이 가능하다는 장점이 있다. 연습이 끝나고 집으로 돌아가는 지하철 안에서도, 잠들기 전 침대에 누워서도 공연연습을 할 수 있다. 공연심상에 대한 훈련은 앞서 배운 '전체 공연 상상하기'를 반드시 따라야 한다. 사용할 음악이나 동작의 수행에만 집중하는 것이 아니라 잡음이나 방해요소, 신체의 감각, 정서 등 무대에서 동시다발적으로 일어나는 모든 것을 염두에 두고 상상해야 한다. 무대 사이즈나 객석 규모, 등·퇴장 동선 등 공연할 공간에 대한 정보를 사전에 미리 알 수 있다면 더욱 효과적으로 훈련할 수 있다. 그러나 무용 심상을 통하여 공연연습을 할 때, 돌발 상황을 고려하지 않은 채 무대 위에서 완벽하게 춤추고 있는 이상적인 자신의 모습만 그리고 있지는 않은지 주의해야 한다. 나 스스로 완벽한 무대가 준비되었다고 하더라도 무대 바닥이 고르지 못하거나 미끄러울 때, 중간에 음악이 끊겼을 때, 파트너와 호흡이 맞지 않았을 때 등 다양한 상황에 직면할 수 있다. 돌발 상황의 발생에서부터 대처에 이르기까지 되도록 구체적이고 또렷하게 상상해야 하며, 공연 심상은 반복적인 훈련을 통해 점점 더 향상될 수 있다.

심상의 이점을 최대한 활용한다면 실제로는 결코 마주하고 싶지 않은 상황부터 내가 그랑프리의 영예를 누리게 되는 완벽한 무대까지 다차원적으로 경험할 수 있다. 공연 심상은 결코 위험하지 않고 장소에 구애받지 않으며, 비용을 들이지 않고도 공연을 무수히 경험할 수 있게 한다. 그뿐 아니라 공연에 앞서 심상을 떠올리는 것은 무용수 스스로 차분하게 심신을 가다듬게 하여 안정적인 공연 수행능력을 확보하는 데도 도움을 준다. 무대에서 발생할 수 있는 다양한 조건들과 가능성을 반영하여 점차 더 많은 위기와 대처, 그리고 완벽한 무대까지 뚜렷하게 떠올리는 체계적인 훈련을 지속한다면 머지않아 그랑프리의 영예를 누리는 상상을 현실로 만날 수 있을 것이다.

성공적인 무대 심상의 프로파일링 : 1단계

Q 무대 위에 서 있는 나를 바라보는 심상 조각을 찾아볼까요?

무대 위에서 내가 가장 의식하는 것들을 찾아보세요. 앞서 배운 심상의 구체화를 위한 다섯 가지 요소인 시각, 청각, 운동지각, 사고, 정서, 그리고 공감각 기법 등에 따른 구체적인 상상을 해보세요.

시각적(visual) 심상

청각적(auditory) 심상

운동감각적(kinesthetic) 심상

사고적(thinking) 심상

정서적(emotional) 심상

성공적인 무대 심상의 프로파일링 : 2단계

Q 무대 위의 심상 조각을 맞춰볼까요?

내가 찾은 시각, 청각, 운동지각, 사고, 정서, 그리고 공감각 기법의 심상조각을 나열하여 구체적인 리허설 일지를 적어볼까요? 무엇이 필요할지, 어떤 돌발이 있을지 무대 위에서 마주칠 상황을 미리 둘러보는 상상을 해보세요.

무대 위의 상황 미리보기

성공적인 무대 심상의 프로파일링 : 3단계

Q 완벽한 무대를 상상해볼까요?

심상 조각을 통해 실수 없이 마친 만족스러운 무대를 상상해보세요. 작품을 어떻게 완성할 것인지, 실수에는 어떻게 대처할지 등 시간 순서에 따라 내가 꿈꾸는 완벽한 무대를 구체적으로 상상해보세요.

완벽한 무대 경험하기

"무대에 서기 전에 항상 떨리는 이유는 누군가에게 나를 보여줘야 하기 때문인 것 같아요. 그래서 저는 늘 객석이 꽉 찬 상상을 해요. 아주 많은 사람들이 나만 바라본다는 압박감은 실로 어마어마하죠. 그래서 그 시선이 익숙해지는 연습이 꼭 필요해요. 그런데 그 연습을 실전에서만 해야 한다면, 엄청난 시행착오를 겪어야 하겠죠? 실전 무대에서는 이미 준비되어 있는 모습으로 좋은 결과를 이끌어내야 하기 때문에, 상상을 통해 그 순간을 수없이 경험하곤 해요."

_Y무용단 수석무용수

"공간의 크기나 바닥, 조명의 상태는 기량을 펼치는 데 아주 중요한 요소예요. 미리 그 무대에 대한 정보를 알고 있다면 성공적인 공연을 만드는 데 유리하죠. 아주 협소한 공간이라면 나는 이 동작을 어디로 뻗어야 할까, 위를 바라보는 순간 눈에 조명이 쨍하고 들어온다면 어떻게 해야 할까, 두 바퀴 회전을 시도하는 순간 바닥이 미끄러우면 어떻게 해야 할까 등…… 내가 서게 될 무대의 정보를 바탕으로 많은 위기의 경우를 구체적으로 상상하는 것이 필요해요."

_K대학 재학생

"프로 발레단은 많은 공연이 현장 연주와 함께 진행돼요. 그래서 음악을 맞추는 리허설이 중요하죠. 그런데 어쩌다보면 음악을 서로 완벽하게 조율하지 못한 채로 무대에 서게 될 때도 있어요. 녹음된 음악을 사용할 때와 달리 현장의 음악에 맞춰 완벽한 춤을 추기 위해서는 무대에서 듣게 될 다양한 템포의 음악을 상상하는 연습이 매우 도움이 됩니다."

_U발레단 단원

Check yourself

무용수에게 심상훈련은
왜 필요할까요?

심상의 구체화 다섯 가지 요소를
적어보세요.

공감각적 심상기법은 무엇인가요?

바디 얼라인먼트를 설명해볼까요?

무대심상과 리허설의
공통점과 차이점은 무엇일까요?

참고문헌

김정수, 황규자 역(2013). 무용 심리학. 서울: 금광.

김두련, 황문숙 역(2014). 자세교정학. 서울: 금광.

박명숙, 김양근 역(2014). 테크닉과 공연을 위한 무용심상. 서울: 금광.

서차영(2014). 무용기능학. 서울: 금광.

송종건(2010). 무용학원론. 서울: 안단테.

Brodie, J. & Lobel, E. (2004). Integrating fundamental principles underlying somatic practices into the Dance Technique Class. *Journal of Dance Education*, 4(3), 80-87.

Ranganathan, R. & Karl M. N. (2013). Changing up the routine: Intervention-induced variability in motor learning. *Exercise and Sport Sciences Reviews*, 41(1), 64-70.

Simmons, R. W. (2005). Sensory organization determinants of postural stability in trained ballet dancers. *International journal of neuroscience*, 115(1), 87-97.

Memo

Memo

집필진

—

황규자
한양대학교 예술·체육대학 무용학과 교수

김수경
한양대학교 예술·체육대학 무용학과 겸임교수

장지은
한양대학교 예술·체육대학 무용학과 겸임교수

조준희
한양대학교 예술·체육대학 무용학과 겸임교수

김경영
중국 University of Sanya 안무과 교수

이로사
한양대학교 예술·체육대학 무용학과 겸임교수

정다진
한양대학교 예술·체육대학 무용학과 겸임교수

홍나리
한양대학교 예술·체육대학 무용학과 겸임교수

무용수의
마음을
챙겨주는
무용 심리학

—

펴낸날 2020년 3월 25일 초판 1쇄 ◎ 2020년 10월 30일 초판 2쇄
지은이 황규자·김경영·김수경·이로사·장지은·정다진·조준희·홍나리
펴낸이 김우승 ◎ **펴낸곳** 한양대학교출판부 ◎ **출판등록** 제4-7호(1972.2.29)
주소 서울 성동구 왕십리로 222 ◎ **전화** 02.2220.1432-4 ◎ **팩스** 02.2220.1435
홈페이지 press.hanyang.ac.kr ◎ **이메일** presshy@hanyang.ac.kr
디자인 안광일 ◎ **인쇄** 네오프린텍

값 15,000원

ISBN 978.89.7218.664.9 (93680)